KB139488

퇴마
정치

퇴마 정치

윤석열
악마화에
올인한
민주당

강준만 지음

인물과
사상사

'퇴마 정치'를 하는 나라

"아침에 보는 여섯 종합 일간지 중 세 개에 판문점에서 탈북민이 북한 군인에게 넘겨지는 모습을 담은 사진이 13일자에 한 컷도 없었다.……한국의 주요 종합지가 3대 3으로 양분된 현실을 어떻게 해석해야 할까."

『중앙일보』 논설위원 이상언이 쓴 「충격의 판문점 사진 3대 3」(2022년 7월 14일)이라는 칼럼이다. 충격으로 여겨져야 마땅한 일이지만, 이젠 충격을 느낄 사람은 많지 않을 것 같다. 신문들의 정파성이 심해진 지 오래기 때문이다. 특정 정치 세력의 재정 후원을 받아먹고 살던 옛날 옛적의 정파지 모델로 되돌아간 걸까? 스마트폰으로 신문을 보는 사람들이야 입맛에 맞는 것만 골라서 보겠지만, 나는 종이신문을 다섯 개나 구독하고 있다 보니 매일 아침 이상언이 말한 '충격' 비슷한 걸 느낀다.

똑같은 사건을 각자 다른 시각으로 보도하는 것 자체가 문제될 건 없다. 문제는 조금이라도 정치적 성격을 갖고 있는 사건·사고는 소속 진영에 대한 유·불리가 유일한 판단 기준이 되어버렸다는 점이다. 지금의 정파성을 DNA로 타고난 것처럼 구는 게 우습다.

나는 과거에 학생들에게 보수·진보 신문을 동시에 보라고 권하기도 했다. 양쪽의 시각을 다 아는 게 중요하다는 뜻이었다. 누가 내게 "그 권유는 여전히 유효한가?"라고 묻는다면, 이젠 '그렇다'고 답할 자신이 없다. 학생들이 언론에 대한 환멸을 가질지도 모르는데, 차라리 자기 색깔에 맞는 신문 하나만, 아니 유튜브에 푹 빠져 살라고 말하는 게 더 현실적인 게 아닌가?

그럼에도 나는 신문을 비난하고 싶은 생각은 없다. 무조건 우리 편을 지지하고 반대편을 공격하는 정파 저널리즘은 '공급'보다는 '수요' 쪽의 문제이며, 이는 디지털 혁명이라는 문명사적 변화에서 비롯된 것이라고 보기 때문이다.

이 문제를 악화시킨 문재인 정권은 사실상 "대중운동은 신에 대한 믿음 없이는 가능해도 악마에 대한 믿음 없이는 불가능하다"는 에릭 호퍼의 금언을 신봉한 것처럼 보였다.[1] 문재인이 실천한 '전투적 팬덤 정치'는 사실상의 대중운동으로 악마에 대한 믿음에 근거한 것이었다는 점에서 말이다.

문재인의 적폐 청산은 적폐 대상을 악마화한 퇴마 의식에 가까웠다. 그건 성공을 거두는 듯 보였지만 '조국 사태' 시 수석 퇴마사였던 윤석열이 '퇴마의 공정'을 외치고 나서자 온 나라가 정치적 내전 상태로 빠져들고 말았다. 문재인 정권에 의해 악마로 규정된 윤석열을 내쫓거나 죽이려는 '퇴마 정치'와 '퇴마 저널리즘'이 극성을 부렸다.

어느 대학교수는 "윤석열은 악마", "국민의힘은 박멸해야 할 박테리아"로 선포했다. 문재인 정권 고위 인사들은 "악마에게 영혼을 판 파우스트"라거나 "민주주의를 악마한테 던져주는" 등의 '악마 타령'을 앞세워 윤석열을 공격했다. 반면 조국은 "인간이 만든 인간 최고의 악마 조직과 용맹히 싸우다 만신창이가 되어 우리 곁으로 살아서 돌아"온 인물로 추앙되었다.

그런 집단적 오판 덕분에 윤석열은 2022년 대선에서 이겼지만, 이는 '악마의 승리'로 간주되었다. 윤석열 정권 출범 이후 문재인 정권 인사들은 자신들이 새로운 퇴마의 제물이 될 수 있다는 공포에 사로잡혀 '윤석열 탄핵'까지 거론하는 '퇴마 정치'에 목숨을 걸었다. 역시 싸움엔 능했다. 그런 필사적 공세가 윤석열의 지지율 추락에 적잖은 기여를 했으니 말이다.

윤석열 역시 오판의 덫에 갇히고 말았다. 자신이 누렸던 지지는 문재인 정권에 대한 반감에서 비롯된 것으로 정권 교체와 함께 소멸되었다고 보아야 했건만, 그는 오만했고 둔감했다. 온갖 실수로 정치적 자해를 일삼았으니, 세상에 무슨 이런 악마가 있는지 모르겠다. 추락하는 윤석열이 바보일지언정 악마는 아니라는 게 확인되었건만, '퇴마 정치 시즌2'의 재미가 쏠쏠한 모양이다. 그 결말이 궁금해진다.

이 책은 '윤석열 악마화'라는 '퇴마 정치'와 이런 정치에 마약 중독자처럼 중독된 민주당의 활약에 관한 중간보고서다. 최종 기록은 2030년부터 집필할 '한국 현대사

산책: 2020년대 편'에 올릴 생각이다. 물론 내가 그때까지 살아 있고, 글쓰기를 할 수 있는 건강을 유지하고 있다면 말이다. '퇴마 정치'가 영원히 사라지는 그런 날은 결코 오지 않겠지만, 하더라도 좀 적당히 하면 좋겠다는 게 나의 소망이다.

「제1장 '윤석열 악마화'라는 마약에 중독된 민주당」과 「제2장 금태섭이 되겠다던 김남국의 살벌한 변신」은 원래 『신동아』에 기고했던 글을 이 책을 위해 크게 늘려 쓴 것이다. 「제3장 '화염병 시대'에 갇힌 사람들」과 「제4장 왜 졌는지도 모르는 사람들」은 내가 올해 여러 매체에 기고했던 칼럼 중 이 책의 주제와 관련이 있는 것 20여 편을 골라서 기고했던 당시의 글 그대로 실은 것이다. 독자들께서 각자의 정파성을 떠나 지난 3년간 우리의 현실이었던 '퇴마 정치'의 기록을 담담하게 즐길 수 있다면 더 바랄 게 없겠다.

2022년 12월

강준만

제3장 ──────────── '화염병 시대'에 갇힌 사람들

제4장 ──────────── 왜 졌는지도 모르는 사람들

제1장

'윤석열 악마화'라는
마약에 중독된
민주당

'악마'가 필요했던 민주당의 '20년 집권론'

2018년 전당대회 때 민주당 대표였던 이해찬은 '20년 집권론'을 내놓더니, 얼마 후 '50년 집권론'으로 목표를 상향 조정했고, 2019년 2월엔 '100년 집권론'까지 내놓았다. 개그를 한 건가? 그의 얼굴을 보라. 그가 어디 개그를 할 사람처럼 보이는가? 나름 매우 진지하고 심각한 장기 집권론의 비전이었으며, 이는 민주당 진영의 전폭적인 지지를 누렸다.

　겉으로 드러내진 않았지만, 그 비전을 가장 뜨겁게

지지한 이는 당시 대통령 문재인이었던 것으로 보인다. 그렇지 않다면, 매우 신중한 성품을 가진 것으로 보이는 문재인이 대통령 퇴임 후 법적 심판을 받을 수도 있는 일에 관련된 것으로 의심을 받을 수 있는 언행을 보인 걸 도무지 이해하기 어렵다. 청와대의 울산시장 '선거 개입' 의혹 사건에서부터 '월성 1호기 조기 폐쇄 결정에 대한 경제성 조작혐의' 사건에 이르기까지 문재인은 무모하거나 경솔했다.

물론 민주당도 다를 게 없었다. 민주당 의원들은 무슨 법을 만들건 야당이 정권을 잡을 경우를 아예 고려하지 않은 채 자신들의 20년, 50년, 100년 집권을 당연시하는 것처럼 보였다. 이들은 20년, 50년, 100년 집권을 위해선 '대중운동'과 더불어 '악마'가 필요하다는 것도 간파했던 것으로 보인다. 앞서 '머리말'에서도 언급했던, 미국 사회운동가 에릭 호퍼의 다음 주장에 깊이 공감하는 동시에 그걸 실천 강령으로 삼은 게 아니었겠느냐는 것이다.

"대중운동이 시작되고 전파되려면 신에 대한 믿음은 없어도 가능하지만 악마에 대한 믿음 없이는 불가능하다. 대중운동의 힘은 대개 악마가 얼마나 선명하며 얼마나 만

져질 듯 생생하느냐에 비례한다."[1]

문재인 정권이 집권 초기부터 맹렬하게 추진한 적폐 청산은 문재인 정권의 정치적 기반을 단단히 굳히는 데에 큰 기여를 했을 뿐만 아니라 그 과정에서 보수 야당이 사실 상 초토화됨으로써 민주당의 20년, 50년, 100년 집권 가능성을 현실화시켜준 것처럼 보였다.

하지만 잘 진행되던 이 모든 시나리오를 일거에 뒤집어버린 사건이 터졌으니, 그게 바로 2019년 '8·27 사태' 였다. 윤석열 검찰이 법무부 장관 후보자 조국의 집에 대한 압수수색을 벌인 뜻밖의 상황이 전개된 것이다. 윤석열을 어떻게 볼 것인가? 결코 쉽지 않은 문제였다. 윤석열의 대통령 당선 후 일부 외신이 표현했듯이, 윤석열은 '매버릭 maverick'이었기 때문이다. 오늘날 매버릭은 '무소속 정치가'나 '독불장군'이란 뜻으로 쓰이지만, 좋은 의미건 나쁜 의미건 기존 방식으론 유형 분류가 어려운 사람이라는 걸 시사하는 개념이다.

그러나 민주당은 '우리 편 아니면 적'이라는 너무 단순 무식한 이분법을 택하고 말았다. 윤석열을 적으로 간주한 건 물론이고, 최악의 적이라는 걸 강조하기 위해 지지자들까지 가세한 가운데 '악마화'의 대상으로 만들고 말았다. 그들이 민주당의 20년, 50년, 100년 집권의 꿈에 급제동을 건 윤석열을 증오하는 건 얼마든지 이해할 수 있는 일이긴 하지만, 문제는 그런 '윤석열 악마화'의 비용이었다.

문재인이 윤석열에게 검찰총장 임명장을 주면서 "권력의 눈치를 보지 말고 살아 있는 권력에 엄정한 법 집행"을 당부한 게 불과 한 달 전이었는데, 그 말대로 한 사람을 가리켜 악마라니, 이게 말이 되나? 수사 방식이 너무 거칠었다는 지적은 백번 옳지만, 그런 거친 방식 덕분에 적폐청산이 '성공'을 거두었던 게 아닌가?

이런 질문들을 건너뛴 채 밀어붙인 '윤석열 악마화'는 사실상 문재인 정권과 민주당의 내로남불과 후안무치를 폭로하는 부메랑이 되고 말았다. 2022년 대선 결과는 2년 7개월간 지속된 '윤석열 악마화'의 결과였다고 해도 과언이 아니다. 이제 그 악마화의 콘텐츠를 중심으로 민주당이 벌인 자해극을 감상해보기로 하자.

"조국을 물어뜯으려고 덤비는 승냥이들"?

2019년 8월 20일 일부 온라인 커뮤니티를 시작으로 법무부 장관 후보자 조국의 딸 조민의 '입시 부정 의혹'이 제기되었고, 언론을 통해 확산되었다. 8월 23일 '공정사회를 위한 대학생 모임' 회원들은 국회 정론관에서 가재, 개구리 가면 등을 착용한 채 조국의 딸을 둘러싼 '입시 부정 의혹'을 규탄하는 기자회견을 열었고, 이날 서울대학교·고려대학교 학생들의 조국 비판 촛불 집회가 열렸다. 이에 진보 인사들이 강하게 반발하고 나섰다.

정의구현전국사제단 신부 지성용은 이 촛불 집회에 대해 "역사의식, 공동체에 대한 공감 능력이 전무한 이기적인 녀석들"이라며, "너희들이 정의·자유를 나불거릴 자격이 있을까?"라고 비난했다. "귀퉁배기를 때리고 싶다", "너희들은 박근혜 정부 적폐에 침묵"이란 표현도 썼다.

8월 24일 서울 광화문광장 자유한국당(현재 국민의힘) 장외 집회에서 한 청년이 "아버지가 일찍 돌아가셔서 조 후보자 딸 같은 호사를 못 누렸다"고 발언한 것에 대해

YTN 앵커 변상욱은 트위터에서 "반듯한 아버지 밑에서 자랐다면 수꼴(수구 꼴통) 마이크를 잡진 않았을 것"이라고 했다. 그러자 이 청년은 페이스북에 "아버지는 안 계셨지만, 어머니와 동생들과 꽤 잘 살아왔다"며 "조국 같은 특권층 아버지가 없어 노력하고 또 노력해도 장학금, 무시험 전형 같은 호사를 누릴 길 없는 청년들의 박탈감과 분노를 이야기한 것"이라고 반박했다.

소설가 이외수는 2016년 정유라에 대해선 "국민을 얼마나 우습게 알기에 거짓말이냐"고 질타했지만 조국 의혹과 관련해선 "이명박·박근혜 당시에 비하면 조족지혈도 못 되는 사건"이라고 주장했다. 경희대학교 미래문명원 교수 김민웅은 조국 비판자들을 향해 "적폐들에게 조국을 먹잇감으로 넘기겠다는 자들은 그가 누구든지 이제 적敵"이라고 했다. 시인 안도현은 "조국을 물어뜯으려고 덤비는 승냥이들이 더 안쓰럽다"고 했다.[2]

그러나 여론은 이들과는 전혀 다른 판단을 하고 있는 것으로 나타났다. 8월 25일 한국리서치가 KBS 〈일요진단 라이브〉 의뢰로 22~23일 실시한 여론조사 결과 조국이 법무부 장관직 수행에 '적합하지 않은 인사'라는 응답은 48퍼센트인 반면 '적합한 인사'라는 응답은 18퍼센트에 그친 것으로 나타났다. 같은 기관의 15~16일 조사에서는 응답자 42퍼센트가 '(장관직 수행이) 적절하다'고 답해 '부적절하다'는 의견(36퍼센트)보다 우세했다. 이에 대해 KBS는 "일주일간 조 후보자에게 제기된 각종 의혹들, 특히 딸의 논문 및 입시 특혜 의혹이 상당한 영향을 끼친 것으로 풀이된다"고 했다.[3]

8월 26일 『중앙일보』 조사연구팀이 발표한, 23~24일 실시한 여론조사에선 '조국 후보자를 법무부 장관으로 임명하는 데 찬성하느냐, 반대하느냐'라는 질문에 반대를 택한 사람은 전체의 60.2퍼센트인 반면 '찬성한다'는 응답은 27.2퍼센트에 그친 것으로 나타났다.[4] 이날 서울대학교 총학생회는 "후안무치로 일관하는 조 교수의 사퇴를 촉구한다"며 28일 2차 촛불 시위를 예고했다.

유시민의 망언 퍼레이드

이 사태의 결정적 분기점은 8월 27일이었다. 여야가 조국의 인사 청문회 일정을 결정한 상황에서 돌연 검찰이 조국의 집에 대한 압수수색을 벌인 날이다. 이날 이후 비난과 공격의 화살은 검찰과 윤석열을 향하게 되었다.

　　노무현재단 이사장 유시민은 8월 29일 TBS 라디오 〈김어준의 뉴스공장〉에 출연해 검찰의 압수수색에 대해 "악당들이 주인공을 제압 못할 때 가족을 인질로 잡는 거"라며 "저질 스릴러"라고 했으며, 서울대학교 학생들의 촛불 시위에 대해서는 "배후에 자유한국당 세력이 자리 잡고 있다고 본다"고 주장했다. 그는 조국 관련 의혹 보도에 대해 "집단 창작"이라고 일축했으며, 의혹을 제기하는 기자들에 대해서는 "조국만큼 모든 걸 가질 수 없었던 소위 명문대 출신 기자들이 분기탱천慎氣撑天했다"고 조롱했다.[5] 이후 계속 쏟아져 나올 유시민의 화려한 망언 퍼레이드의 신호탄이었다.

　　이에 민주당 의원 박용진이 "(조국) 편 들어주는 건

고맙게 생각하지만 오버하지 말라"고 하자, 민주당 의원 전재수는 이렇게 반박했다. "자네의 '오버'하지 말라는 발언은 번지수를 잘못 찾았다. 자네 발언이 어떻게 악용되고 있는지 주위를 한 번 둘러보라. 제발 '오버'하지 말라."[6]

전재수는 믿는 구석이 있었던 건가? 민주당 지지자들은 박용진에게 '전쟁 중에 아군에게 총질', '피아 구분하라' 등의 비판과 더불어 매일 수백 통씩의 '문자 폭탄'을 퍼부었다.[7] 한국갤럽이 8월 27~29일 실시한 여론조사에서 조국이 법무부 장관으로 '적절하지 않다'는 응답은 57퍼센트로 나타난 반면 '적절하다'는 응답은 27퍼센트인 것으로 나타났지만,[8] 강성 지지자들의 문자 폭탄이 여론을 대체하는 기현상은 이후로도 계속되었다.

8월 29일 김민웅은 "이번 검찰의 조국 법무부 장관 후보에 대한 전격 수사 행위는 사람들의 일상생활에는 충격을 주지 않는 가운데 감추어진 장막 안에서 결정적으로 권력의 판도를 바꾸는 이른바 '조용한 쿠데타Silent Coup'의 가능성이 높아지고 있다"고 주장했다.[9]

8월 30일 경기도지사 이재명은 "조 후보자를 둘러싼

지금의 상황은 비이성의 극치인 마녀사냥에 가깝다"고 주장했다. 이날 조국 지지자 400여 명은 서울 종로구 옛 일본대사관 앞에 모여 앉아 "토착 왜구 몰아내자!" "신新친일파들의 총공격에서 조 후보자를 수호하자" 등의 구호를 외쳤다.[10]

9월 2일 한 온라인 커뮤니티에는 '조국 기자 간담회 질문 기자 총 56인'이라는 리스트가 공유되었다. "소속과 성명, 사진, 질문 내용 등을 정리해 데이터베이스화하자", "이 기자들이 과거에 어떤 기사를 썼는지도 다 뒤져보자"는 등의 댓글도 달렸다. 이에 대해 익명을 요구한 모 언론학자는 "솔직히 코멘트하기 두렵다. 생각이 조금만 어긋나면 그대로 신상 턴다"고 토로했다. 9월 3일, 포털사이트 '다음'의 실시간 검색어 1위는 '근조한국언론'이었다. 8월 27일 '조국 힘내세요'를 필두로 가짜뉴스아웃(28일)→한국언론사망(29일)→법대로임명(30일) 등 친문 지지층 실검 띄우기의 일환이었다.[11]

9월 5일 청와대 선임행정관 조경호는 검찰의 전방위 수사를 '검란檢亂'으로 규정하면서 "마녀사냥"이라고 비난했다. 그는 "미쳐 날뛰는 늑대처럼 자기 마음에 들지 않는 사람을 물어뜯겠다고 입에 하얀 거품을 물고 있다"며 "토끼몰이식 압수수색으로 공직 후보자에 대한 국회의 인사청문권을 침해하고, 인사권자의 뜻을 정면으로 거스르고 있다"고 주장했다.[12]

"증거인멸이 아니라 증거를 지키기 위한 것"

9월 9일 청와대가 조국 법무부 장관 임명을 강행하자 이외수, 공지영, 황교익 등 여권 스피커들은 환호했다. 황교익은 "검찰이 쏘아대는 네이팜탄을 뚫고 법무부 장관 취임을 한 조국을 위해 폭탄주 한잔 말아야겠다"고 했다. 반면 『88만원 세대』의 저자 우석훈은 "한 시대가 끝이 났다"는 제목의 글을 올렸다. "87년 이후로 이어져온 개혁파의 명분은 이제 끝났다. 10대, 20대가 그것을 명분으로 인정하지 않는 순간, 87년 체계의 명분은 끝났다."[13]

　　MBC가 여론조사기관 코리아리서치에 의뢰해 추석

연휴 막바지인 9월 14~15일 이틀간 실시한 여론조사 결과에 따르면 조국 장관 임명에 대해 '잘못한 일'이라는 응답이 57.1퍼센트로, '잘한 일'이라는 답변 36.3퍼센트보다 20.8퍼센트포인트 높았다.[14]

그러나 여권 스피커들은 계속 그런 여론과는 동떨어진 반응을 보였다. 9월 18일 김민웅은 「단두대가 된 언론, 그 언론의 머리가 된 검찰」이라는 『프레시안』 칼럼에서 이렇게 주장했다.

"(언론은) 자신의 기획으로 이루어질 결과를 예상하고 흐뭇한 표정으로 감옥의 자물쇠를 만지작거리고 있다. 아무도 그 자격을 준 바 없는 '무허가 법정'이 거리에 세워지고, 당사자의 이야기를 듣기도 전에 사형 언도가 재빨리 내려진다. 언론은 단두대를 자처하고 있으며, 눈을 가린 채 천칭을 든 여신 디케Dike의 법정은 더이상 필요 없게 되었다."[15]

9월 23일 진중권은 『중앙일보』와의 통화에서 조국을 고위 공직자 부적격 리스트인 '데스 노트'에 올리지 않은 것 등을 포함해 정의당이 조국 사태 대응 과정에서 보인 태도에 실망해 탈당계를 제출했다고 밝혔다.[16] 그러자 공지영은 "문득 '돈하고 권력을 주면 (그가) 개자당(자유한국당의 비하 표현) 갈 수도 있겠구나'라는 생각이 들었다"며 무자비한 인신공격을 퍼부었다.[17]

9월 24일 유시민은 동양대학교 교수 정경심이 검찰 압수수색 전 컴퓨터를 반출해 증거인멸 의혹에 휩싸인 것과 관련 "증거인멸이 아니라 증거를 지키기 위한 것"이라는 불후의 '명언'을 남겼다.[18] 그는 9월 28일엔 "조 장관을 넘어 대통령과 맞대결하는 양상까지 왔는데 총칼은 안 들었으나 위헌적 쿠데타나 마찬가지"라고 주장했다.[19]

9월 28일 밤 검찰 개혁을 요구한 서울 서초동 촛불 집회에 주최 측은 200만 인파가 몰렸다고 주장했다. 이에 단위 면적당 수용 가능 인원 기준을 적용해 참가 인원을 추정하는 '페르미 추정법'을 적용하면 '전원 기립起立' 기준으로 조국 집회 참가자 수는 최대 13만 명 정도라는 반론이 나왔다. 인터넷에선 "집회 참가자 전원이 1인당 14명씩을 등에 업고 바닥에 서면 200만 명이 가능하다" 등의 조롱이 나왔다.[20]

그러나 여권은 200만 명을 공식화했고, 집회에 참석한 전현직 의원들은 일제히 감격을 쏟아냈다. 국회의원 민병두는 집회 현장에서 페이스북에 "검찰 개혁을 촉구하는 민란, 민란이 정치 검찰을 제압하다. 검란을 이기다"라며 "보라, 검찰 개혁을 외치는 민중들의 함성을"이라고 글을 올렸다.[21] 하지만 '200만 절대 불가론'이 계속 이어지자, 민주당의 주장은 나중엔 "숫자가 중요한 게 아니다"로 바뀌었다.[22]

10월 2일 고려대학교 로스쿨 교수 김기창은 "윤석열, 한동훈, 고형곤……당신들은 비겁하고 비굴하기 짝이 없는 깡패들에 불과하다. 당신들의 저열한 조작 수법은 이미 백일하에 드러나고 있다. 조만간 그 책임을 지게 될 것이다"고 주장했다.[23]

개천절인 10월 3일 서울 광화문에서 조국 구속과 문재인 퇴진을 요구하는 대규모 집회가 열렸다. 이에 여당 지도부는 "서초동은 국민 집회, 광화문은 동원·폭력 집회"라고 주장했다.[24] 광화문 집회의 인원수가 훨씬 더 많다는 주장이 나오자 토요일인 5일로 예정된 조국 지지 집회 총동원령이 친문 진영에 내려지는 등 '세勢 경쟁'이 본격화되었다.

그러나 전반적인 여론은 문재인 정권에 등을 돌리고 있었다. 『내일신문』과 서강대학교 현대정치연구소가 한국 리서치에 의뢰해 9월 26일부터 10월 2일까지 실시한 여론조사에 따르면, 문재인의 국정 운영 지지율은 32.4퍼센트로 나타났다. 이에 비해 절반(49.3퍼센트)은 '못하고 있다'고 답했다.[25] 리얼미터가 CBS 의뢰로 10월 11일 실시한 여론조사에선 조국이 장관직에서 물러나야 한다는 응답이 55.9퍼센트인 것으로 나타났다. 반면 '유지해야 한다'는 응답은 40.5퍼센트였다.[26]

추미애, '법무부 장관직의 정치화'

이렇듯 여론이 악화되면서 조국은 장관 지명 66일, 취임 35일 만인 10월 14일 장관직에서 물러났다. 공지영은 SNS에 "가슴이 찢어질 것 같다. 검찰은 한 가족을 살해했다"고 주장했다. 시인 안도현은 "칼과 풀잎의 싸움이었다.

풀잎이 버티자 칼은 풀잎을 난도질했고 풀잎은 결국 스스로 목을 꺾었다"고 했다. '나는 꼼수다' 멤버였던 김용민은 "자신의 상관을 체포 구금케 한 전두환은 결국 대권까지 거머쥐고. 자신의 상관을 수사 사퇴케 한 윤석열"이라고 썼다.[27]

시인 김주대는 페이스북에 "조국, 당신은 인간이 만든 인간 최고의 악마 조직과 용맹히 싸우다 만신창이가 되어 우리 곁으로 살아서 돌아왔다"며 이렇게 주장했다.

"울지 마라, 이것은 인간의 역사, 기록이 사라진 이후까지 기록될 것이다. 당신의 온 가족을 발가벗겨 정육점 고기처럼 걸어놓고 조롱하며 도륙하던 자들은 떠나지 않고 우리 곁에 있으므로 우리의 철저한 목표물이 되었다."[28]

리얼미터가 『오마이뉴스』 의뢰로 여론조사를 한 결과, 조국의 사퇴가 '잘한 결정'이라는 긍정 응답은 62.6퍼센트로 '잘못한 결정'이라는 부정 응답(28.6퍼센트)의 2배가량이었다.[29] 그럼에도 성공회대학교 NGO대학원장 김동춘은 10월 18일 "'조국 사태'에 대해선 여러 갈래의 해석과 평가가 가능하지만, 거시적으로는 검찰·언론이라는

'선출되지 않은 권력'이 '선출된 권력'을 제압하려 한 사건"이라고 주장했다.[30]

　10월 24일 정경심이 강제 수사 착수 58일 만에 구속되었다. 이날 새벽 서울 서초역 주변에 집결한 친문 시위대 1,000여 명은 법원을 향해 일제히 "야 이 개××들아!"라고 외쳤다. 전날 오후 9시부터 이곳에서 '정경심 교수 영장 기각 촉구 촛불 집회'를 열었던 이들은 '무사 귀환 기원' 등의 손 피켓을 들고 3시간 동안 법원과 검찰을 향해 "정경심 교수님 힘내세요"를 외치며 영장 심사 결과를 기다렸다. 이들은 문재인의 영상을 틀고 기립해 눈물을 글썽이거나, "제정신이라면 영장을 기각시켜야 한다"며 고함지르기도 했다. 자정이 지나 정경심의 구속 영장 발부 소식이 전해지자 "이게 법이냐", "너희들은 미쳤어", "검찰과 사법부 아웃" 등의 고함이 여기저기서 터져 나왔다.

　한참 욕설을 쏟아내던 친문 시위대는 오전 1시쯤 〈임을 위한 행진곡〉을 틀고, 예정에 없던 서울중앙지방법원으로 행진을 시작했다. "×같아서 집에 못 갈 것 같다. 중앙지법 앞에서 한 번 시원하게 외치자"며 시위대는 "적폐 판사 물러나라", "공수처 설치하라" 등의 구호를 외치며 법원으로 향했다. 이 행진이 경찰이 설치한 법원 입구 앞 차벽에 가로막히자 법원을 향한 저주는 온라인에서 계속되었다.[31]

12월 5일 문재인이 법무부 장관에 민주당 의원 추미애를 지명하자 언론은 검찰과의 '전면전'을 예고한 것으로 해석했다. 여당 일각에선 "당대표를 지낸 인물이 대통령 밑의 내각에 들어가는 것은 격格에 맞지 않는다"는 비판도 나왔지만,[32] 정작 문제는 '격'보다는 '법무부 장관직의 정치화'에 있었다.

추미애 지명 직전인 11월 중순에 터진 청와대의 울산시장 '선거 개입' 의혹 사건을 보자. 2018년 울산시장 선거 당시 민주당 대표로 지원 유세를 왔던 추미애는 "'인권 변호사 친구, 동지 송철호가 됐으면 좋겠다'고 하는 게 문 대통령 마음"이라고 했다.[33] 그랬던 그가 이제 법무부 장관이 되었다고 해서 검찰의 수사를 공정한 자세로 지켜볼 수 있었을까?

그러나 '윤석열 악마화' 프레임에선 문재인은 늘 천사로만 간주되었고, 검찰 비판자들은 이런 프레임에 충실

했다. 변호사 이연주는 12월 9일 검찰 비판을 위해 '신하가 임금을 선택한다'는 의미의 택군론까지 동원하면서 다음과 같이 주장했다.

"조선시대에 당쟁이 격화되면서 신하들이 반정을 일으켜 임금을 막 바꾸잖아. 검찰이 잘하는 선별적 수사, 선별적 기소로 이게 되는 거지. 검찰은 자신이 핀 라이트를 비춘 곳에 세상의 모든 악이 있는 양 몰아가고, 그 조력자 언론과 함께 난리 버거지를 떨겠지. 우리가 정신을 놓고 어버버하면, 그들은 택군擇君에 성공하게 되는 거야."[34]

'윤석열 측근' 죄다 자른 추미애의 '1·8 대학살'

2020년 1월 8일 청와대는 추미애의 이름을 빌려 검사장급 이상 검찰 고위 간부 32명에 대한 인사를 강행했다. 대검 차장과 반부패 부장, 공공수사 부장을 비롯해 청와대의 울산시장 선거 개입과 유재수 비리 비호 사건 수사를 지휘해온 윤석열의 참모들이 단 1명 예외 없이 좌천되었다.『중앙일보』는 「문 정권 수사 '윤석열 측근' 죄다 잘랐다…추미애 '1·8 대학살'」이라는 기사에서 다음과 같이 말했다.

"8일 단행된 검찰 고위 인사에서 이른바 '윤석열 사단'으로 불리는 검찰 간부들이 줄줄이 좌천됐다. 울산 선거 개입 의혹 사건이나 조국 전 법무부 장관 일가 비리 수사를 지휘해온 특수통 검사들도 뿔뿔이 흩어져 수사의 맥이 끊길 수 있다는 우려가 나온다. 반면 노무현 정권 또는 현 정권과 인연이 있는 검사들이 대거 전진 배치됐다."[35]

『동아일보』는 「산 권력 수사 중인 검찰총장 수족 다 자른 '검 인사 폭거'」라는 사설을 통해 다음과 같이 비판했다.

"추미애 장관 취임 이후 윤 총장의 힘을 빼려는 인사가 이뤄질 가능성에 대한 우려가 제기됐지만 이번 인사는 그런 우려를 뛰어넘을 정도로 노골적으로 현 정권을 겨냥한 수사를 무력화하려는 의도를 담고 있다. 더구나 추 장관은 검사 인사에서 검찰총장 의견을 들으라고 규정한 검찰청법도 사실상 무시하는 일방적 행태를 보였다."[36]

추미애는 윤석열에게 인사안도 보여주지 않은 채 인사위원회 30분 전에 호출했다. 그래놓고선 오지 않았다며

"명을 거역했다"고 했다. 민주당 수석대변인 홍익표는 "검찰총장이 본분을 망각한 채 사실상 항명抗命을 했다"면서 "윤 총장은 신분과 위치를 자각하고 대통령의 인사권에 스스럼없이 도전할 수 있다는 오만방자한 인식과 행태를 사죄하라"고 주장했다.[37]

그래놓고선 문재인은 1월 23일 차장·부장급 중간 간부 인사에서 수사팀 중간 간부들까지 쫓아내는 '2차 학살'을 감행했다. 문재인과 민주당은 과유불급過猶不及의 문제는 전혀 생각하지 않은 채 "이렇게까지 밀어붙이는데 윤석열 악마가 당해낼 수 있겠어?"라고 쉽게 생각했던 건 아니었을까?

『세계일보』 2020년 1월 30일자 5면에 게재된 차기 대선 주자 여론조사 보도는 그게 매우 어리석은 착각이었다는 걸 말해주는 듯했다. 이 조사에서 윤석열이 2위로 떠오르면서 대권 주자로 주목받기 시작했으니 말이다(1년 6개월 후인 2021년 6월 30일 윤석열은 국민의힘 대선 후보의 자격으로 국회 소통관 기자실 『세계일보』 부스를 찾은 후 취재진을 향해 이렇게 말했다. "그때 그 조사 아니었으면 내가 여기까지도 안 왔다").[38]

3월 22일 '나꼼수' 출신 전 의원 정봉주가 주도한 열린민주당은 국회에서 비례대표 후보 공개 기자회견을 열었다. 비례후보로 나선 전 법무부 인권국장 황희석은 "작년 조국 사태는 검찰의 쿠데타"라며 "검찰 개혁 완수를 위해 (검찰과) 한판 뜰 수밖에 없다"고 했다. 그는 "'조'를 생각하면 중종 때 개혁을 추진하다 모함을 당해 기묘사화의 피해자가 된 조광조 선생이 떠오르고, '대윤', '소윤' 하면 말 그대로 권력을 남용하며 세도를 부리던 윤임·윤원형이 생각난다"고도 했다. 조국을 조광조에, 윤석열과 윤대진(사법연수원 부원장)을 윤임·윤원형에게 빗댄 것이다.[39] 그는 페이스북에 "검찰 쿠데타 명단"이라며 윤석열 등 14명의 현직 검사 명단을 공개했다.

3월 30일 4·15 총선에 열린민주당 비례대표 2번으로 나선 전 청와대 공직기강비서관 최강욱은 "공수처(고위공직자범죄수사처)가 설치되면 윤석열 검찰총장 부부가 수사 대상 1호가 될 수 있다"고 주장했다. 그는 "윤 총장이 나에 대한 날치기 기소를 포함해 현재 법을 어기고 있는 게 한둘이 아니다"라며 "그런 문제들이 공수처에서 다뤄질

것"이라고 말했다.[40]

4·15 총선 압승 후 더 과격해진 '윤석열 악마화'

문재인과 민주당에 '윤석열 악마화'라는 부메랑의 방향을 전환할 기회는 있었다. 4·15 총선 압승이 절호의 기회였다. 그런데 참 묘한 일이었다. 야당의 승리가 예상되었던 선거에서 코로나19 덕분에 뜻밖의 압승을 거두었으면 심적 여유를 갖고 이성을 회복할 만도 했건만, 민주당은 오히려 '윤석열 악마화'를 강화하는 정반대의 방향으로 나아갔으니 말이다.

그 첫 포문을 연 건 열린민주당 비례대표로 당선된 최강욱이었다. 그는 4월 18일 페이스북을 통해 검찰과 언론에 대해 선전포고를 했다. 그는 "한 줌도 안 되는 부패한 무리들의 더러운 공작이 계속될 것"이라며 "최소한 저 사악한 것들보다 더럽게 살진 않았습니다. 세상이 바뀌었다는 것을 확실히 느끼도록 갚아주겠습니다"고 했다.[41]

4월 27일 더불어시민당 대표 우희종은 "대중 선동을 통해 힘을 얻은 히틀러의 몰락 원인은 주어진 권력의 남용이다. 주어진 권력으로 주변국을 침공하는 등, 절제되지 않은 채 발산된 그의 권력은 결국 수많은 희생자와 함께 비극으로 끝났다"며 윤석열을 히틀러에 빗대 비난했다.[42]

부산외국어대학교 교수 이광수는 5월 31일에 출간한 『악마와 싸워서 이기는 정치』에서 "윤석열이라는 악마"라고 했다.[43] 이런 말도 했다. "검찰은 악마고, 언론은 쓰레기다. 악마는 퇴치해야 할 대상이고 쓰레기는 치워야 할 대상이다. 그 과정에서 자유한국당-미래통합당(국민의힘)은 박멸해야 할 박테리아이지 개화나 교화를 해야 할 대상이 아니다."[44]

민주당 의원 김용민은 6월 21일 밤 유튜브 채널 '시사발전소'에서 윤석열에 대해 "검찰 개혁의 필요성을 보여주는 상징적인 인물"이라며 "검찰 역사상 가장 최악의 검찰총장이 될 거란 생각이 든다"고 주장했다.[45]

6월 25일 법무부 장관 추미애가 여당 초선 의원들을 대상으로 한 강연은 '윤석열 악마화'의 개그 버전인 것처럼 보였다. 추미애는 "검찰총장이 제 지시를 절반 잘라먹었다"며 "장관 지휘를 겸허히 받아들이면 좋게 지나갈 일을 (윤석열이) 새삼 지휘랍시고 일을 더 꼬이게 만들었다"고 했다. 추미애는 말하는 도중 책상을 쿵쿵 치면서 "역대 검찰총장 중 이런 말 안 듣는 총장과 일해본 장관이 없다"며 "장관이 이럴 정도로 (총장이) 개혁 주체가 아니라 개혁 대상이 됐구나 증명한 것"이라고 했다.

추미애는 윤석열을 이렇듯 거칠게 비난한 건 물론이고 의원들을 아랫사람들을 대하듯 오만한 훈계를 했음에도 의원들은 열광했다. 황운하는 "장관이 빛이 나더라"고 했고, 양경숙은 "저희들이 어떻게 힘을 모아드리면 되나"라고 물었다. 추미애가 "문정복 의원님이 옆에서 귓속말로 추임새를 넣었다"고 하자 문정복은 "대통령!"이라고 외쳤다.[46]

추미애의 윤석열 비판과 공격이 거칠고 원색적일수록 친문 인터넷 커뮤니티에는 추미애를 "추느님", "추다르크"라고 부르며 "추 장관이 인사권자(문 대통령) 힘을 제대로 보여줬다", "(윤 총장을) 작살내라" 등의 지지 글이 올라오기도 했다.[47]

윤석열은 "물불 안 가린 건달 두목"

그런 추앙에 자극받은 것인지는 알 수 없지만, 추미애는 7월 2일 MBC가 보도한 '검언 유착' 의혹 사건에 대한 수사 지휘권을 발동하고 나섰다. 이날 열린민주당 대표 최강욱은 윤석열이 전국 검사장 회의를 소집한 것과 관련 "일부 똘마니들을 규합해 추미애 법무부 장관을 성토할지 모른다"고 비판한 데 이어 "오만한 정치 검찰, 어이없는 조폭 검사들의 쿠데타"라고 비난했다.[48] 민주당 의원 김경협은 "문재인 정부에 항거하는 모습으로 수구 세력의 대권 주자가 되고픈 마음 이해 못하는 바는 아니지만, 그래 봤자 '물불 안 가린 건달 두목'이란 평에서 벗어나긴 힘들 것"이라고 주장했다.[49]

8월 16일 민주당 의원 이원욱은 최고위원 후보 연설회에서 검찰 개혁을 강조하면서 "임명받은 권력이 선출 권력을 이기려고 한다. 개가 주인을 무는 꼴", "권력을 탐하는 윤석열을 끌어내리자"고 말했다. 이에 경남대학교 교수이자 미래통합당 송파병 당협위원장인 김근식은 "이원욱

의원의 발언은 주인만 빼고 무조건 물어대는 충견忠犬 만들기가 검찰 개혁의 요체임을 스스로 고백한 것"이라며 "귀를 의심하지 않을 수 없는 막말, 망언"이라고 비판했다.[50]

10월 19일 추미애가 수사 지휘권을 발동해 '라임 비리' 수사에 대한 윤석열의 지휘권을 박탈하자 여권은 "강단 있다", "속 시원하다"며 환호했다. 민주당 의원 정청래의 환호가 가장 돋보였다. 그는 즉각 페이스북에 법무부 입장문을 전문全文 게재하고 "이렇게 강단 있고 속 시원한 법무부 장관은 처음 본다"고 했다. 다음 날 아침엔 라디오에 출연해 "추 장관의 수사 지휘가 나왔고 대검에서 풀 죽은 모습으로 수용했다"며 "'추미애 범(호랑이)'이 내려왔다. 범이 내려와서 검찰들이 자라처럼 목을 움츠리고 있는 형국"이라고 주장했다.[51]

작가 이범우는 이날 출간한 『희생양 박해와 서초동 십자가』를 통해 "보수 카르텔에게 지목된 누구라도 또 다른 조국이 될 수밖에 없다"며 "'서초동 십자가'에 매달린 희생양은 역사적 진실로 부활할 것이다"고 주장했다.[52] 김민웅은 이 책에 쓴 「추천의 글」에서 "십자가는 고난이기도

하지만 궁극적 승리다"며 이렇게 말했다. "박해자들의 폭력을 두려워하지 않게 될 것이며, 결국 촛불 시민이 이기는 길을 여는 감격을 믿게 될 것이다. 희생양은 그래서 자기도 모르게 구원의 길을 연다."[53]

정치나 개혁이 아닌 신앙의 메시지 같은 느낌이 드는 말이었다. 절반 이상의 국민이 보수 카르텔에 속하거나 그들의 농간에 놀아난 사람들이었단 말인가? 그래서 박해의 대열에 가담했다는 것인가? 이즈음 김민웅이 쓴『조국 백서』의 발문에서 명쾌한 답을 찾을 수 있었다. 그는 "이른바 진보 언론이라고 여겨온 일부 신문조차 정치 검찰의 입이 되었고, 검찰의 의도에 넘어간 언론들이 우리 사회의 뇌를 지배했다"며 이렇게 주장했다. "일부 진보 세력들마저도 자신들을 괴롭혀온 바로 그 언론의 보도와 논리에 투항했다. 비판적 점검 능력을 잃어버린 것이다."[54]

추미애를 '추다르크'로 띄운 영웅 찬가

10월 22일 윤석열이 국회 법제사법위원회 대검찰청 국정 감사에 출석해서 강한 소신 발언을 쏟아내자, 민주당 의원 윤호중은 10월 26일 MBC 라디오 〈김종배의 시선집중〉 과의 인터뷰에서 윤석열을 맹비난했다. 그는 "정치 검찰의 수장으로서 검찰 정치를 직접 하겠다는 것"이라며 "역으로 마치 악마에게 영혼을 판 파우스트처럼 뭔가 석연치 않은 부분들이 있다"고 주장했다.[55] 다음 날엔 정청래가 "(윤석열 이) 제가 봤을 때는 '윤 서방파 두목', 그런 느낌이 든다"고 비하했다.[56]

11월 3일 윤석열은 초임 부장검사 대상으로 "살아 있는 권력의 비리를 눈치 보지 않고 공정하게 수사하는 게 진짜 검찰 개혁"이라는 취지의 강연을 했다. 이에 김용민 은 페이스북에 "검찰 개혁을 논할 때 검찰은 항상 살아 있 는 권력을 수사할 수 있어야 한다거나 하명 수사를 거부해 야 한다는 주장을 한다"며 "마지막에는 검찰 인사권을 총 장에게 줘야 한다는 결론으로 나아간다. 최종적으로 검찰

파쇼를 주장하는 것"이라고 주장했다.[57]

11월 20일 더불어시민당 대표를 지낸 건국대학교 경제학과 교수 최배근은 "자기 몸에 흙탕물 튀기며 국민을 위해 쓰레기를 치우는 추미애 장관에게 응원의 글과 꽃을 보내자"고 독려했으며, 급기야 "추미애 법무부 장관은 2020년 이순신 장군"이라고 주장하는 지경에 이르렀다.[58] 이에 더해 "역시 추다르크", "추 장관님, 멋쟁이" 등과 같은 친문 지지자들의 '영웅 찬가'가 울려 퍼지자 추미애는 11월 24일 윤석열 직무 배제라는 초강수, 아니 자충수를 두기에 이르렀다.

이마저 영웅적이라고 생각한 건지는 몰라도 시사만화가 박재동은 『경기신문』 11월 26일자 1면에 게재된 만평에서 추미애와 윤석열이 서로 마주 보고 있는 모습을 그렸는데, 윤석열은 목이 잘린 모습으로 그려졌다. 이에 "풍자라고 하기엔 섬뜩하다"는 비판이 제기되었다.[59]

11월 28일 민주당 의원 김경협은 윤석열에 대해 "무엇이 문제인지도 모른다"며 "동네 양아치들 상대하며 배웠는지 낯짝이 철판이다. 최소한의 부끄러움도 모른다"고

비난했다.[60]

12월 1일 윤호중은 "지금 이 순간은 검찰 개혁을 통해서 정말 이를테면 군내 '하나회 척결' 같은 이런 검찰이 정치 검찰과 선을 긋는 이런 검찰 개혁의 어떻게 보면 마지막 기회"라고 주장했다.[61] 그러나 바로 이날 서울행정법원의 '윤석열 직무 배제' 효력 중단 결정이 내려지면서 민주당과 문재인 정권은 최대 위기에 처하고 말았다.

12월 3일 발표된 리얼미터의 문재인 국정 수행 평가 결과는 그런 위기 상황을 잘 보여주었다. TBS의 의뢰로 11월 30일부터 12월 2일까지 설문한 문재인의 국정 수행 지지율은 지난주 대비 6.4퍼센트포인트 급락해 40퍼센트대가 무너지며 37.4퍼센트로 내려앉았다.[62]

그러나 민주당은 여전히 이 지지율 급락의 의미를 이해할 뜻이 없었다. 이런 의미 왜곡에 앞장서온 정청래는 "놀라지 마시라. 이번 지지율 하락은 국민들, 특히 지지층이 주는 회초리"라며 "지지층이 검찰 개혁에 지지부진한 민주당에 주는 채찍의 성격이 짙다"고 주장했다.[63]

민주당 강경파의 주장은 늘 여론에 역행하는 방향으

로 치달았다. 여론조사 업체 엠브레인퍼블릭과 케이스탯 리서치, 코리아리서치, 한국리서치가 11월 30일에서 12월 2일까지 실시한 여론조사에서 검찰 개혁 추진 방향에 대해 '검찰 길들이기로 변질되는 등 당초 취지와 달라졌다'는 응답이 55퍼센트에 달했다. 반면 '당초 취지에 맞게 진행되고 있다'는 응답은 28퍼센트에 불과했다.[64]

조국은 예수 그리스도인가?

추미애는 자신이 닮고 싶은 정신이 "나라를 구하고자 몸을 던진 논개 정신"이라고 말한 바 있었는데, 그 정신에 따른 것인지는 몰라도 12월 16일 사의를 표명했다. 가만있을 추미애 팬덤이 아니었다. 다음 날인 17일 추미애를 재신임해 달라는 청와대 국민청원이 등록되더니 단 하루 만에 20만 명을 넘었고,[65] 나중에 42만 명까지 도달했다. 이게 바로 추미애의 힘이었지만, 거기까지였다. 대단하긴 했지만 그 정도론 판을 뒤엎기엔 역부족이었다. 이게 바로 팬덤 정치의 명암明暗이기도 했다. 훗날 『조선일보』 논설주간 김창균은 이 국민청원에 대해 "정상적 뇌 구조로는 도저히 이해할 수 없는 내용이다"며 다음과 같이 주장했다.

"이른바 '대가리가 깨져도 문 대통령을 지지한다'는 대깨문들이다. 여러 아이디로 중복 서명이 가능한 만큼 많아야 전체 유권자의 1%를 밑돈다. 집권당은 이 한 줌 문빠들의 포로가 돼버렸다. 그래서 정치적으로 죽음에 이르는 병을 앓으며 시들어가고 있다.……야당 입장에서 문빠들이 지금처럼 계속 나대 주면 땡큐다. 대선을 거저주워 먹을 수 있다. 대깨문들은 집권당을 살려보려는 자성 목소리마저 바이러스 취급하며 일망타진한다. 문재인 보스를 지키려는 빗나간 충성심의 결과다. 이들의 과잉 면역반응이 일으키는 사이토카인 폭풍이 숙주인 집권당을 죽음으로 몰아간다. 지난 4년 동안 한국 정치를 황폐화시켰던 대깨문들이 자기 파멸 과정을 거치며 단말마의 비명을 지르고 있다."[66]

여론은 압도적 비율로 문재인 정권의 검찰 개혁에 대해 부정적인 반응을 보였지만, 문재인 정권은 아랑곳하지 않았다. 검찰 개혁은 이 신흥 종교를 믿는 사람들이 이교도나 무신론자들을 상대로 벌이는 성전聖戰이었기 때문이다. 악마의 반대편엔 성자聖者가 있는 법.

12월 23일 정경심이 1심 재판에서 징역 4년을 선고받고 법정 구속된 것과 관련, 황교익은 "골고다 언덕길을 조국과 그의 가족이 걸어가고 있다"고 했다. 그는 이어 "가시왕관이 씌워졌고 십자가를 짊어졌다. 검찰 개혁 않겠다 했으면, 법무부 장관 않겠다고 했으면 걷지 않았을 길"이라면서 "예수의 길이다. 예수가 함께 걷고 있다"고 했다.[67] 변호사 이연주는 "크리스마스이브의 대재난"이라며 "예수 그리스도가 박해받은 이유가 그러하듯이, 죄 많은 자들은 자신의 죄보다는 그 죄악을 들추고 없애려는 자를 더 미워하는 법"이라고 주장했다.[68]

민주당이 보인 반응은 한마디로 광분狂奔 그 자체였다. 의원 우상호는 "감정이 섞인 판결, 실망을 넘어 분노를 느낀다"고 했고, 의원 정청래는 "억울하고 분한 판결"이라고 했다. 최고위원 신동근은 "'검찰 개혁 집중하느라 사법 개혁을 못했다'(는 말을) 오늘 뼈저리게 실감한다"고 했다.[69] 의원 김용민은 "윤석열 검찰총장이 판사 사찰을 노린

것이 바로 이런 거였다"며 판사 실명까지 거론하며 '좌표'를 찍었다.[70]

의원 이수진은 "괘씸죄로 단죄하고자 하는 의욕이 넘쳐나는 판결"이라고 했고,[71] 최고위원 김종민은 "의심의 정황으로 유죄판결을 한 것"이라고 했다. 민주연구원장 홍익표는 "재판부 선입견이나 편견이 상당히 작용한 매우 나쁜 판례"라고 했고, 사무부총장 조한기는 "검찰과 사법부의 유착에 새삼 분노할 수밖에 없다"고 했다.[72]

민주당 의원들의 총애를 받는 김어준은 TBS〈김어준의 뉴스공장〉에서 "사법이 법복을 입고 판결로 정치를 했다"고 주장했다.[73] 그는 유튜브 '김어준의 다스뵈이다'에선 "기득권이 반격하는 것", "죽어봐라 이 새끼들아, 이런 식의 판결", "결론을 낸 뒤 재판을 요식행위로 진행했다"는 등의 비난을 쏟아냈다. 그는 "그게 유죄면 그 시절 부모들 다 감옥 간다"는 주장까지 했다.[74]

다음 날 법무부의 윤석열 검찰총장 정직 2개월 중징계에 대해 법원이 '집행 정지 결정'을 내렸을 땐 어떤 일이 벌어졌던가? 민주당 대표 이낙연은 "대한민국이 사법의 과잉 지배를 받고 있다는 국민의 우려가 커졌다"며 "정치의 사법화, 사법의 정치화가 위험수위를 넘었다는 탄식이 들린다"고 말했다.[75] 의원 김두관은 "국민이 선출한 대통령 권력을 정지시킨 사법 쿠데타"라며 "헌법적 수단을 총동원해야 한다"고 했다. 그는 "윤석열 탄핵, 김두관이 앞장서겠다"고 했다. 이어 "대통령을 지키는 것이 민주주의를 지키는 것"이라며 "검찰총장 탄핵이 제도 개혁의 선결 조건"이라고 주장했다.[76]

의원 민형배는 "대통령의 징계 재가를 번복하는 명백한 삼권분립 위반 아닌가. 일개 재판부가 대통령을 흔들어대는 것 아니냐"라고 했다. 의원 김성환은 검찰과 법원을 '기득권 카르텔'로 지목하며 "이젠 온라인에서 촛불을 들어야겠다"고 했다. 최고위원 신동근은 "법조 카르텔의 강고한 저항"이라며 검찰과 법원에 대한 통제 시스템 구축을 주장했다.[77] 김어준은 〈김어준의 뉴스공장〉에서 "행정법원의 일개 판사가 '본인의 검찰총장 임기를 내가 보장해줄게' 이렇게 한 것"이라며 "검찰과 사법이 하나가 되어 법적 쿠데타를 만들어낸 것 아니냐"고 했다.[78]

윤석열과 검찰을 악마화했다는 유시민의 고백

2021년 초 칸타코리아·『조선일보』의 신년 여론조사 결과에 따르면, 문재인 정권이 추진하는 검찰 개혁에 대해 '권력기관 개혁이라는 당초 취지와 달라졌다'는 응답(57.5퍼센트)이 '당초 취지에 부합한다'는 의견(28퍼센트)의 약 2배였다.[79]

케이스탯리서치·『한겨레』의 신년 여론조사 결과도 문재인 정권의 검찰 개혁에 등을 돌린 민심을 보여주었다. 전체 응답자 가운데 41.9퍼센트는 "취지는 옳았지만 절차·방법에 무리가 있었다"고 응답했으며, "취지와 절차·방법 모두 잘못됐다"는 응답이 33.9퍼센트로 뒤를 이었다. 검찰 개혁 동의 여부를 떠나 응답자 75.8퍼센트가 절차와 방법의 문제를 지적한 셈이었다.[80]

1월 22일 노무현재단 이사장 유시민이 1년여 전 검찰이 재단 계좌의 금융거래 정보를 열람했다는 의혹을 제기한 것과 관련 "의혹은 사실이 아니었다고 판단한다"며 사과했다. 그는 "대립하는 상대방을 '악마화'했고 공직자인 검사들의 말을 전적으로 불신했다"며 "과도한 정서적 적대감에 사로잡혔고 논리적 확증 편향에 빠졌다. 누구와도 책임을 나눌 수 없고 어떤 변명도 할 수 없습니다. 많이 부끄럽다"고 했다.[81]

유시민의 이 발언은 나중에 진정성이 있었느냐는 의심을 받게 되지만, 일말의 진실을 담고 있는 건 분명했다. "대립하는 상대방을 '악마화'했다"는 고백만큼은 전적으로 옳은 것이었으며, 이는 문재인 정권 사람들 전체가 처절하게 반성해야 할 것이었으니 말이다. 하지만 문재인 정권과 민주당은 반성할 뜻이 전혀 없었으며, 따라서 '윤석열 악마화'라는 광란극을 멈출 생각이 전혀 없었다.

윤석열은 신임 법무부 장관 박범계가 '추미애 시즌 2'를 본격화한 시점인 2021년 3월 4일에 사퇴했다. 정치권과 언론이 윤석열의 정치 참여를 사실상 기정사실화하자 그간 비교적 조용히 지내던 추미애가 즉각 나섰다. 추미애가 윤석열의 사퇴에 대해 "마치 피해자 코스프레를 하면서 정치 대선에 참여하고 싶은 명분으로 삼는 해괴망측한 일"이라고 비판하자 친문 지지층이 다시 환호하기 시작했다.[82] 더불어 추미애의 대선 출마도 시동을 거는 듯 보였으니 둘은 '적대적 공생' 관계였는지도 모르겠다.

그럼에도 문재인 정권은 여전히 검수완박을 외치면서 윤석열에 대해선 '윤나땡'만 외치기에 바빴다. 민주당에서 '윤나땡'을 외친 선두 주자가 전 민주당 대표 이해찬이라는 게 흥미로웠다. 그는 3월 17일 유튜브 '시사타파 TV'에 출연해 윤석열에 대해 "제대로 된 법률가가 아니다"라며 "무얼 하든 개의치 않지만, 정치를 한다면 땡큐"라고 했다. 윤석열의 언어에 대해서는 "검사가 아니라 깡패의 언어"라고도 했다.[83]

3월 26일 추미애는 윤석열을 겨냥해 "30년이 지나서 촛불로 세운 나라의 정치 검사가 등장한다는 것은 이렇게 어렵게 가꾼 민주주의의 정원을 망치는 독초"라며 "대선 지지율 좀 높다고 해서 마케팅용으로 쓴다든지 하면 책임을 반드시 국민이 물을 수밖에 없을 것"이라고 했다.[84]

3월 29일엔 추미애는 윤석열을 "야당과 보수 언론이 키운 괴물이자 기획 상품"이라는 원색적 표현으로 비난하면서 "지금 지지율이 높지만 검증이 시작되면 '윤두사미

(윤석열과 용두사미의 합성어)'가 될 것"이라고 평가 절하했다.[85] 그런데 문제는 추미애 자신의 지지율이 좀처럼 오르지 않은 채 2~3퍼센트 수준에 머무르고 있다는 점이었다.[86]

5월 18일 『한겨레』 기자 출신의 열린민주당 의원 김의겸은 '윤석열-전두환 평행이론'이라며 윤석열의 움직임을 '2단계 쿠데타'라고 주장했다. "전두환 장군은 12·12와 5·17 두 차례 거사를 감행"해 "각각 군부와 전국을 장악"한 것처럼 윤석열은 검찰 조직을 장악하기 위해 '조국 대첩'을 치렀고, 이를 기회로 삼아 '문재인 대통령을 향해 돌진'한다는 것이었다.[87]

조국은 5월 31일 출간한 『조국의 시간』에서 "윤석열 검찰은 2019년 하반기 어느 순간 문재인 정부를 '살아 있는 권력'이 아니라 '곧 죽을 권력'으로 판단했고, 방향 전환을 결정했다"고 주장했다.[88] 이 책에 대해 열린민주당 대표 최강욱은 6월 6일 "코로나 바이러스는 '정치 검찰'과 닮았다. 『조국의 시간』은 백신과 같다"고 주장했다.[89]

6월 11일 전 법무부 장관 추미애는 윤석열에 대해 "정치 검사가 대권을 직행한다는 것은 우리 민주주의를 악마한테 던져주는 거나 똑같다"고 주장했다.

6월 25일 문재인 정권은 검찰 중간 간부 인사에서 정권 핵심이 관여한 의혹이 있는 사건들을 수사하던 검사들을 모두 이동시킨 반면 친정권 검사들은 영전시켰다. 『조선일보』는 「임기 말 '방탄 검찰' 완성, 검찰 흑역사 중에서도 최악」, 『한겨레』는 「'정권 수사' 검사 대거 교체, 국민 눈높이 맞나」라는 사설을 통해 문제를 제기했다.

6월 28일 대선 주자인 민주당 의원 이광재는 범야권 대선 주자로 거론되는 윤석열과 감사원장 최재형을 겨냥해 "탱크만 동원하지 않았지 반세기 전 군사 쿠데타와 다를 바 없다"고 비난했다.[90]

윤석열은 근무지를 이탈한 탈영병

6월 29일 오후 1시 윤석열은 윤봉길 기념관에서 대선 출마를 선언했다. 그는 "상식을 무기로 무너진 자유민주주의와 법치, 시대와 세대를 관통하는 공정의 가치를 기필코 다시 세우겠다"며 "부패하고 무능한 세력의 집권 연장과 국민 약탈을 막아야 한다. 여기에 동의하는 모든 국민과 세력과 힘을 합쳐 정권 교체를 이뤄내야 한다"고 말했다.

이에 민주당 의원 정청래는 "누가 써 줬는지 모르지만 한마디로 태극기 부대, 극우 인사의 영혼 없는 대독이었다"고 비난했고,[91] 민주당 원내대표 윤호중은 윤석열을 향해 "이거 사실 군인으로 치면 근무지 이탈이다. 탈영병이다"고 비난했다.[92] 민주당 의원 이수진은 윤석열의 한일 관계 관련 발언을 '친일'로 규정하고 "'반문 연대'의 본심이 '친일 연대'였나"라고 비난했으며,[93] 김어준은 윤석열이 문재인의 대일 외교를 비판하며 '죽창가를 부르다 경색됐다'는 취지로 말한 데 대해 "일본 극우와 결을 같이하는 시각 아닌가"라고 비난했다.[94]

7월 2일 윤석열의 장모 최 모씨가 1심에서 요양급여 부정 수급 혐의로 징역 3년을 선고받고 법정 구속되자 민주당은 환호했다. 민주당 대표 송영길은 "검찰총장 사위가 사라지자 제대로 기소되고 법적 정의가 밝혀졌다"고 했고, 최고위원 강병원은 "빙산의 일각만 드러났을 뿐인데 벌써

'윤석열 몰락의 종소리'가 울린다"고 했다.[95] 전 법무부 장관 추미애는 "'추윤 갈등'으로 보자기 씌우듯 감싼 특권과 반칙, 한 꺼풀만 벗겨져도 검찰총장 출신 대권 후보의 거대한 악의 바벨탑이 드러나기 시작했다"며 "누가 옳았느냐"고 목소리를 높였다.[96]

그러나 7월 16일 '검언 유착' 의혹을 받은 전 채널A 기자 이동재에 대해 1심 법원이 무죄 판결을 내리자, 민주당은 자신의 내로남불 유전자를 다시 드러내보였다. 2주 전 법원 판결에 환호했던 이들이 일제히 법원을 비난하고 나섰으니 말이다. 추미애는 이번엔 "(윤석열) 검찰총장의 집요한 감찰과 수사 방해가 있었다"며 "공판 진행도 검언 유착스러웠다"고 주장했다. 그는 "이제 공수처가 수사에 적극 나서야 한다"며 "사법 정의가 실종된 이 사태를 좌시하지 않을 것"이라고 했다.[97]

일국의 법무부 장관을 지낸데다 대통령까지 해보겠다고 나선 사람이 이래도 되는 것이었을까? 이럴 바엔 차라리 법무부가 사법부의 역할까지 도맡아야 한다고 말하는 게 일관성이라도 있는 게 아니었을까? 국정 운영을 책임진 사람들이 "내 입에 달면 '사법 정의', 내 입에 쓰면 '사법 쿠데타'"라고 하는 내로남불을 국정 운영의 방법론으로 삼는다는 건 곤란하지 않은가? 그러나 '윤석열 악마화'에 눈이 먼 문재인 정권 인사들에겐 이런 간단한 상식마저 통하지 않았다.

7월 27일 윤석열은 부산민주공원에서 참배를 마치고 부산 대표 음식인 돼지국밥 전문 식당에 들러, 국민의힘 부산 지역구 국회의원 3명과 점심을 먹으며 반주를 했다. 이에 전 민주당 의원 정국교는 자신의 페이스북에 윤석열의 식사·반주 사진을 올리면서 "백주 대낮에 낮술을 퍼마시며 희희낙락하는 dog子들!"이라고 적었다. 또 "국민들은 4단계 방역으로 눈물과 땀을 흘리는데 대통령이 되겠다고 하는 자가 뭐가 그리 즐거워서 안주까지 시켜놓고 '대선' 소주를 들이키는 거냐. 신발놈들아. 너희에게 국민의 고통은 한낱 '강 건너 불'이구나"라고 비난했다.[98]

"조폭 두목"·"정치 깡패"·"괴물"·"나치"가 된 윤석열

7월 30일 윤석열이 전격적으로 국민의힘에 입당하자, 추미애는 페이스북에 올린 '정치 검사 윤석열, 정치 군인 전두환의 뿌리 국민의힘 접수'라는 제목의 글에서 "검찰총장의 대선 직행과 야당 직행은 민주주의에 대한 직격이며, 국민에 대한 모독이자, 역사에 대한 범죄"라고 주장했다.[99]

그러나 여론의 판단은 달랐다. PNR리서치가 미래한국연구소와 『세계일보』 의뢰로 7월 31일 실시한 여론조사에서 윤석열은 35.3퍼센트 지지율로 1위에 올랐으며, 23.2퍼센트로 2위를 기록한 이재명보다 10퍼센트포인트 넘는 큰 격차를 보였다.[100] 이에 충격을 받은 건지는 알 수 없지만 조국은 8월 2일 하루에만도 자신의 페이스북에 13개의 글을 연속으로 올리며 윤석열을 비판하고 나섰다.[101]

9월 6일 윤석열 측의 '고발 사주' 의혹이 불거지자 추미애는 "총선을 앞두고 검풍을 획책한 것"이라며 "본질적으로는 검찰 쿠데타. 사법 제도를 활용해 민심을 교란시키는 연성 쿠데타, 조용한 쿠데타"라고 주장했다.[102] 윤석열이 9월 8일 기자회견에서 "제가 그렇게 무섭나. 나를 국회로 불러달라. 당당하게 제 입장을 이야기하겠다"고 했지만, 9월 10일 공수처는 '고발 사주' 의혹과 관련 윤석열을 직권남용권리행사방해 등 혐의로 입건했다고 밝혔다.

이에 당 지도부와 대선 주자들은 윤석열을 향해 "조폭 두목", "정치 깡패", "괴물", "나치"라고 공격했다. 특히 민주당 대권 주자인 경기도지사 이재명은 윤석열을 나치에 빗대며 강도 높게 비판했다. 그는 페이스북에 '서초동의 위험한 엘리트들'이란 제목의 글에서 "'조직에 충성하고 직무에 충실하며 주어진 역할을 다했을 뿐이다'는 2차세계대전 후 나치에 부역한 사람들이 보인 태도였다고 한다"며 "올바름, 사람다움, 정의로움은 인간 본연의 가치가 빠진 성실함이 언제든 거악巨惡의 수단이 될 수 있음을 보여주는 말"이라고 운을 뗐다.

이어 그는 "2021년 윤석열 검찰에서 일군의 '위험한 엘리트'들의 모습을 다시 본다"며 "이제 (검찰) 개혁으로는 안 될 것 같다"고 했다. 그러면서 "대수술이 필요해 보이며, 악성 종양은 제거하고 썩은 부위는 도려내야 한다"며

"그래야 새 피가 돌고 몸이 살아날 것"이라고 비판했다. 글 말미에는 히틀러 가면을 쓰고 괴로워하는 양복 입은 남성의 사진을 첨부했다.[103]

민주당 대표 송영길은 오전 당 회의에서 "의혹의 핵심인 윤석열은 오만방자한 언행으로 국민을 겁박하는 뻔뻔함의 극치를 보였다"며 "전두환의 골목 성명을 지켜보는 착각이 들 정도"라고 했다. 원내대표 윤호중은 "윤석열 게이트는 사상 초유의 검당 유착이고 국기 문란 사태"라고 했다.

최고위원 강병원은 "사죄는 없었고 '내가 무섭냐'고 국민을 겁박하는 괴물만 있었다"며 "윤 전 총장은 국민을 취조실 피의자로 알고 강압적 태도로 일관했다"고 주장했다. 최고위원 김영배는 "국민들이 조폭 두목 혹은 정치 깡패의 모습을 보았다"며 "공익 제보자조차 인정하지 않은 무법자적이면서도 호전적 태도로 일관하고 있어서 매우 충격적"이라고 주장했다.[104] 서울중앙지방법원에 출석한 조국의 차량을 청소하며 응원하던 지지자마저 "윤석열 죽여버릴 것이다, 인간이 아니다"고 외쳤다.[105]

"박근혜가 고딩이면 윤석열은 초딩"

10월 10일 이재명이 민주당 대선 후보로 결정된 데 이어,[106] 11월 5일 윤석열이 국민의힘 대선 후보로 결정되었다. 김어준은 11월 5일 저녁 공개된 유튜브 '김어준의 다스뵈이다' 영상에서 "보수는 문재인 대통령을 구속시켜 결핍을 메우려 한다"며 "내년 대선에서 정신 똑바로 차려야 한다"고 했다.[107] 이 영상엔 심리연구소 '함께'를 운영한다는 김태형이 나와 20여 분간 사실상 윤석열을 비난하는 심리 분석을 시도했다.

김태형은 윤석열을 '가짜 모범생'이라고 규정하면서 "가짜 모범생은 어느 시점에서 방아쇠가 당겨지면 폭주한다. 처벌 공포가 약화하는 순간 유혹이 들어오면 바로 무너진다"고 주장했다. 뒤이어 소설 『노트르담의 꼽추』 속 악역을 윤석열과 동일 범주 인물로 소개했다.

"(가짜 모범생인) 클로드 부주교는 에스메랄다를 만나기 전까지 독실한 성직자이자 뛰어난 학자로 엄청 모범적인 삶을 살았다. 하지만 에스메랄다라는 집시 여인을 보는 순간 그 다음부터 폭주한다. 그래서 가짜 모범생은 어느 순간 무너질 수 있다는 거다."[108]

11월 22일 윤석열이 TV조선 '글로벌 리더스 포럼 2021' 행사에서 기조연설을 위해 연단에 올랐지만 프롬프터가 제대로 작동하지 않아 머뭇거리는 듯한 모습을 보이다가 2분 가까이 시간이 지나서야 프롬프터를 읽으며 연설을 시작했다. 이에 황교익은 "우리는 윤석열의 지적 수준이 바닥임을 알아채고 있다"며 "박근혜가 버티었던 시간을 감안하면, 박근혜가 고딩이면 윤석열은 초딩"이라고 악담을 퍼부었다.

전 의원 최민희는 "윤석열 초대형 방송 사고……1분 30초간 멍. 프롬프터가 안 올라와서라니"라며 "남자 박근혜 같음. 주변엔 최순실이 그득그득"이라고 비꼬았다. 열린민주당 의원 김의겸은 "이제 국민의힘은 큰 짐이 하나 더 생겼다. 윤 후보 가는 곳마다 무거운 프롬프터를 들고 따라다녀야 하니 말이다. 수고가 많겠다"고 비꼬아 비판했다. 최고위원 백혜련은 "프롬프터 없이는 연설도 하지 못하는 이런 분이 대통령 후보라니"라고 날을 세웠다.[109]

11월 26일 이재명은 목포로 향하는 버스 안에서 진행한 유튜브 생방송에선 국민의힘을 향해 "요새 저에게 온갖 음해를 하면서 권력을 가져보겠다는 집단이 있지 않나, 그 집단이 사실 전두환의 후예"라고 주장했다. 목포 동부시장 연설에선 국민의힘을 "과거로 되돌아가려는 무능하고 무지한 세력", "복수혈전에 미쳐 있는 세력"이라고 칭했다.[110] 이재명은 27일 전남 장흥군 토요시장에서 즉석연설을 하며 윤석열을 향해 "무식, 무능, 무당의 3무는 죄악"이라고 비난했다.[111]

　　11월 28일 민주당 의원 황운하가 페이스북에 "윤석열의 검찰 쿠데타가 끝내 성공을 거두는 기막힌 일이 벌어질지도 모르겠다"는 문장으로 시작하는 장문의 글을 올렸다. 그는 "윤석열을 지지하는 사람조차 그가 어떤 국정 운영 철학을 가졌는지 전혀 알지 못한다"며 "실제로 윤석열의 지지층들은 1% 안팎의 기득권 계층을 제외하곤 대부분 저학력 빈곤층 그리고 고령층"이라고 주장했다. 이어 "수구 언론들의 거짓과 선동이 강력하게 효과를 발휘한다"며 "그러니 지지율은 요지부동"이라고 덧붙였다.[112]

"윤석열은 무식·부도덕·야만·야비·탈법·무법의 화신"

12월 5일 오전 이재명은 전북 정읍 샘고을시장에서 즉흥 연설을 통해 "검찰의, 검찰에 의한, 검찰을 위한 검찰의 국가를 저지해야 한다"고 주장했다. 그는 "우리는 군사정권을 증오했다. 군인들의 이익을 위해 국가권력을 사용했다"며 "군사정권이 안 되는 것처럼 검찰 정권도 있어선 안 된다"고 강조했다.[113] 이날 추미애는 "어느 경상도 어르신께서 오늘 한탄하신 말씀"이라며 "윤석열 옆에는 온통 검사 찌끄레기(찌꺼기의 방언)들뿐이고마! 조폭이네, 나라 절단 낼 놈들이네"라고 했다.[114]

12월 7일 열린민주당 최고위원 황희석은 "윤석열 씨가 대통령이 되고 안 되고 이전에 이들 정치 검사 집단이 직접 정치를 하겠다고 전면에 나선 순간 이미 우리나라 사법은 물론이고 정치의 근본이 무너진 것"이라고 했다.[115]

12월 7일 시인 류근은 "군부독재 시절엔 군인 출신 대통령이 군인(출신)들을 통제했다. 그런데 지금은 검사들이 아무리 패거리질, 패악질을 벌여도 아무도 통제하지 못한다"며 "대통령조차 퇴임 후를 걱정해야 한다. 노무현 전 대통령은 검찰이 죽였다"고 주장했다. 이어 그는 "(윤석열은) 무식과 부도덕과 야만과 야비와 탈법, 무법의 화신답다"며 "이재명 바람은 힘이 세다. 검사들이 권력과 돈과 우리 사회의 온갖 특권을 모두 해처먹는 나라를 언제까지 허용할 것인가. 노예 근성, 식민 근성, 개돼지 근성 가진 자들이야말로 이 시대에 진정으로 '비천한' 자들이다. 싸워야 한다"고 했다.[116]

12월 8일 이재명은 친민주당 성향의 온라인 커뮤니티 『딴지일보』에 올린 글에서 "참혹했던 군사정권에 이어 그 전두환 장군을 존경하는 전직 검사에 의한 검찰 정권이 들어설지도 모르겠다"며 '검찰 정권 불가론'을 역설했다.[117] 사흘 후인 12월 11일 경북 칠곡 다부동 전적기념관을 방문한 자리에선 이재명은 윤석열을 향해 '반역 행위', '벽창호', '조직 폭력배' 등의 단어를 써가며 거세게 공세를 폈다.

윤석열이건 이재명이건 대선 후보들은 영남에만 가면 전두환에 대해 너그러워지는 걸까? 윤석열의 전두환 관런 발언을 '전두환 존경'으로 뻥튀기해 공격의 소재로 삼던 이재명은 다부동 전적기념관 즉석연설에선 보수 진영이 배출한 전직 대통령의 이름을 줄줄이 열거하며 "모든 정치인은 공과功過가 공존한다"고 말했으니 말이다. 그는 "전체적으로 보면 전두환이 삼저 호황을 잘 활용해서 경제가 망가지지 않도록, 경제가 제대로 움직일 수 있도록 한 건 성과인 게 맞는다"고 했다.

이에 정의당 대변인 오승재는 "(이 후보는) 호남에서는 '광주 학살의 주범 전두환을 찬양하는 사람에게 대한민국을 맡길 수 없다'고 했다"며 "윤석열 국민의힘 후보가 '전두환은 쿠데타와 5·18만 빼면 정치 잘했다'고 말한 것과 무슨 차이가 있는지 되묻지 않을 수 없다"고 비판했다. 이어 "영남에서는 한 표라도 더 받아보겠다며 노동자의 피땀으로 세운 경제성장을 군사독재의 공이라고 말하는 것은 어불성설"이라고 지적했다.[118]

"윤석열과 김건희는 이 나라의 재앙"

12월 12일 황교익은 "윤석열은 토론이 불가능한 자이다. 사람의 말을 못 알아듣는다. 그러니 동문서답이 예사이다. 그의 말은 딱 박근혜 수준이다"면서 "주부와 술부가 연결이 안 된다. 자기도 모르는 말을 하는 것이 아닌가 의심이 들 때도 있다. 윤석열이 검찰총장까지 했다는 게 신비롭다. 한국 검사 수준이 겨우 이 정도인가"라고 했다. 그러면서 황교익은 "윤석열은 정치인의 능력이 전혀 없다. 통장도 시키면 안 된다. 일반 회사에서는 쓸 만한 자리가 하나 있는데, 술상무가 가장 적합하다"고 주장했다.[119]

그렇다면 이재명은 어땠나? 이즈음 민주당에 불어닥친 '재명학 열풍'은 야당에서 "1980년대 운동권의 주체사상 교육을 보는 것 같다"(윤희숙)는 비아냥을 듣기도 했지만,[120] 12월 13일 정청래가 『인간 이재명』을 읽고 나서 SNS에 올린 독후감은 '윤석열 악마화'와 대비되는 '이재명 영웅화'로 부르기에 족한 것이었다.

"인간 이재명 책을 단숨에 읽었다. 이토록 처절한 서

사가 있을까? 이토록 극적인 반전의 드라마가 또 있을까? 유능한 소설가라도 이 같은 삶을 엮어낼 수 있을까? 한 장 한 장 책장을 넘기면서 인간 이재명과 심리적 일체감을 느끼며 아니 흐느끼며 읽었다."[121]

12월 13일 실시한 한국사회여론연구소 여론조사에서 문재인 정권이 추진한 검찰 개혁의 간판이었던 공수처의 중립성과 수사 효율성 모두 부정적으로 평가한 응답자가 70퍼센트를 넘었다(중립성 부정 평가 72.4퍼센트, 효율성 부정 평가 74.8퍼센트).[122] 그럼에도 정청래처럼 이재명에게 흐느끼는 사람들에게 검찰 개혁은 무조건 추앙해야 할 종교적 상징이었으며, 이에 도전한 윤석열은 악마였으며 악마여야만 했다.

12월 14일 열린민주당 최고위원 황희석은 "죄악이 참으로 줄줄이다. 이것을 피하고자 '대통령질' 하려고 하는 것 아닌가? 그래야 본인도 살고 마누라도 살고 장모도 산다고……"라며 "순전히 이 같은 사적인 동기와 목적이 지배하는 '정치질'이라는 생각을 지우기 어렵다"고 윤석열을 비난했다.[123]

12월 25일부터 26일 오전까지 자신의 페이스북에 8개의 윤석열 비난 글을 올린 황교익은 "정치의 ㅈ 자도 모르는 인간이 정치판의 물을 너무 흐린다. 국민의힘은 당장에 윤석열을 거두어들여 폐기하라"고 주장했다.[124] 추미애 공개 지지 의사를 밝힌 김민웅은 12월 28일 윤석열과 김건희를 겨냥해 "이 둘은 이 나라의 재앙"이라고 비난했다.[125]

문재인을 지키기 위한 대선이었나?

2022년 1월 25일 이재명은 경기도 유세에서 "국민을 개돼지 취급해 거짓말하면 막 넘어가는 사람들에게 이 나라를 맡기면 안 된다"고 주장했지만,[126] 여론은 그의 우려를 현실화시켜주는 방향으로 흐르고 있었다. 바로 이날 오후 민주당 최고위원 최강욱은 이재명의 여론조사 부진에 대해 "노년층의 맹목적 지지와 청년층의 화풀이 지지가 염려된다"는 글을 올렸다.[127]

민주당 원내대표 윤호중은 김건희를 공격하는 게 좋

은 선거 전략이라고 생각했던 것 같다. 그는 25일 "항간에 윤석열을 찍으면 김건희 대통령이 된다는 말이 떠돈다"며 "무속 힘에 이끌려 캠프를 좌우하던 최순실(최서원으로 개명) 넘는 왕순실 시대가 올 것"이라고 주장했다.[128] 김건희 공격에 나서는 사람이 많아지자 과거의 '조금박해(조응천·금태섭·박용진·김해영)' 역할을 홀로 도맡아서 하던 민주당 의원 이상민은 "네거티브도 '과유불급'이라고, 지나치면 효과는 없고 오히려 역효과가 날 수 있지 않나, 이렇게 생각한다"며 "김건희 씨에 대한 비판은 물론 하고 검증도 필요한 부분도 있겠으나 후보 본인보다는 더 많은 비중을 차지해서는 안 된다"고 했다.[129]

이해찬은 1월 28일 이재명 대선 후보 유튜브 채널인 '이재명 플러스'를 통해 공개된 인터뷰에서 "지금 윤석열이나 김건희가 하는 말을 보면 묻어나는 표현들이 있다. 이걸 보면 대선을 지고 나면 어떤 나라가 될지 짐작이 된다"며 "끔찍하다"고 했다. 그는 대선 패배 가능성에 대해선 "걱정하지 마라. 절대 안 진다. 국민을 믿어야 한다"며 "우리 국민들은 결코 저런 사람들에게 정권을 맡기지 않는다"

고 주장했다.[130]

　2월 들어 "문재인을 지켜야 한다"는 주장이 본격적으로 쏟아져 나오기 시작했다. 민주당에 이 대선의 의미는 문재인을 지키는 것이 아닌가 하는 생각이 들 정도였다. 도대체 무슨 죄를 그렇게 많이 지었길래 그랬던 걸까? 2월 7일 민주당 총괄선대본부장 우상호는 "퇴임 이후 문 대통령을 제대로 지켜낼 수 있는 후보는 이 후보라고 호소하고 싶다"며 "이재명 선대위는 이번 주를 총력전을 벌이는 주로 설정하고 있다. 문재인 대통령을 지지하지만 이재명 후보를 아직 지지하지 않는 분들이 첫 번째 대상"이라고 말했다.[131]

　2월 9일 이른바 '문재인 정부 적폐 청산' 사건이 터졌다. 국민의힘 대선 후보 윤석열이 『중앙일보』 인터뷰에서 "집권하면 전 정권 적폐 청산 수사를 할 것이냐"는 질문에 "해야죠. 해야죠. (수사가) 돼야죠"라며 "문재인 정권에서 불법과 비리를 저지른 사람들도 법에 따라, 시스템에 따라 상응하는 처벌을 받아야 합니다"고 말한 것에 대해 문재인을 비롯한 여권이 펄펄 뛰고 나선 사건이다.[132]

　문재인은 다음 날 오전 참모 회의에서 "중앙지검장,

검찰총장 재직 때에는 이 정부의 적폐를 있는 데도 못 본 척했다는 말인가. 아니면 없는 적폐를 기획 사정으로 만들어내겠다는 것인가 대답해야 한다"며 "현 정부를 근거 없이 적폐 수사의 대상, 불법으로 몬 것에 대해 강력한 분노를 표하며 사과를 요구한다"고 말했다.[133]

문재인의 '강력한 분노'는 연쇄반응 효과를 불러일으켰다. 문재인 정부 청와대 출신 민주당 의원 20명은 국회 소통관에서 윤석열의 발언을 규탄하는 기자회견을 열었다. 이들은 "윤석열 국민의힘 대선 후보가 현직 대통령을 수사하겠다며 정치 보복을 공언했다. 대통령이 되면 '당연히 수사해야 한다'고 '정치적 복수'를 공약한 것"이라며 "한국 정치사에 처음 있는 망동"이라고 주장했다.

민주당 의원 고민정은 윤석열의 '현 정부 적폐 수사' 발언을 놓고 노무현 전 대통령 서거를 거론하면서 "어렴풋하게 보이던 걸 윤석열 후보가 명징하게 만들어줬다. 당신이란 사람이 2009년의 비극을 재연시킬 수 있다는 것을"이라고 했다. 그는 글 서두에서 "21대 국회의원이 되고 처음으로 문재인 청와대 출신 의원들과 함께 기자회견장에

섰다"면서 "두 번 다시 우리의 소중한 사람을 잃지 않겠다 결의를 다진 사람들"이라고 적었다.[134]

이재명=이순신·안중근, 윤석열=원균·이토 히로부미

이재명은 2월 12일 세종시 조치원읍 세종전통시장 유세에서 "고故 노무현 전 대통령께서 그 험한 길을 가셨다. 우리가 지켜주지 못했다고 후회했다"며 "다시 지켜주지 못했다고, 똑같은 후회를 두 번씩 반복할 것이냐"라고 말했다. 검찰 수사 중 극단적인 선택을 한 노무현을 언급하며 '문재인 대통령에게 같은 상황이 반복될 수 있다'는 신호를 보낸 것이다.[135]

　　무슨 말인지 이해는 하겠는데, "문재인을 지키자"는 메시지는 한국 민주주의의 수준을 수십 년 전으로 되돌려놓는 것 같아 듣기에 민망했다. 『한국일보』는 "이 후보와 민주당이 윤 후보 발언을 계속 조준하는 건 '표'가 된다고 판단해서다"며 이런 분석을 내놓았다. "'문재인 대통령을

지켜야 한다'는 외침은 여권 지지층 내 '친문재인·반이재
명' 유권자에게 소구력을 지닌다는 것이다. 노 전 대통령에
대한 기억은 정치 보복에 대한 거부감이 큰 중도층을 겨냥
한 메시지다."[136]

2월 13일에 나온 여론조사 결과도 그렇게 호들갑을
떨 일은 아니라고 본 것 같았다. PNR리서치가 『뉴데일리』
의뢰로 2월 11~12일 실시한 여론조사는 '새 정부 출범 이
후 문재인 정부 적폐 청산을 위한 수사에 대해 어떻게 생각
하느냐'고 물었다. 응답자 56.3퍼센트는 '법과 원칙에 따
라 잘못이 드러나면 수사해야 한다'고 답했다. '정치 보복
으로 수사해서는 안 된다'는 응답은 40.2퍼센트였다.[137]

2월 16일 이재명은 선거 유세에서 윤석열 집권 시
"검찰이 마치 군사독재 때 군인들이 한 것처럼 대한민국을
통째로 지배하는 나라가 될 수 있다"며 "세상을 바꾸라고
준 힘을 사적 보복에 사용하는 무책임함은 공동체를 망치
는 죄악"이라고 주장했다. 공동선대위원장 최강욱은 "윤석
열의 검찰 독재가 군사독재와 뭐가 다른가"라며 "수사권
과 기소권을 휘둘러 검찰을 제2의 중앙정보부로 만들겠다

는 윤 후보는 검찰 독재자가 아니면 뭐라고 불러야 하나"
라고 비난했다. 추미애는 "(윤 후보 집권 시) 유신 통치보다
더 무서운 검찰 파쇼 국가가 될 수 있다"며 "무덤에 있는
전두환 전 대통령이 부러워할 것"이라고 주장했다.[138]

　　2월 17일 『중앙일보』 칼럼니스트 이현상은 "아이러
니하게도 최고 권력자인 대통령마저 보호 대상이 됐다"고
개탄하면서 이렇게 말했다.

　　"친문 의원들은 '문 대통령을 지켜야 한다'는 글을
잇달아 올리고 있다. 5년 전 '박근혜 대통령을 지키자'고
광장으로 나왔던 태극기 부대와 다를 바 없다. '지킨다'는
말에는 수동적 존재 혹은 피해자라는 뉘앙스가 녹아 있다.
제왕적 권력을 지녔다는 대한민국 대통령이 희생자 의식
진영주의 앞에서는 약자에 지나지 않는다."[139]

　　이건 한국 민주주의의 퇴보였다. 아니 한국 민주주의
의 속성과 수준이 원래 그런 건지도 모를 일이었다. 정치
보복과 적폐 청산은 다른 것이지만, 그 경계는 모호했다.
내가 하면 적폐 청산, 네가 하면 정치 보복인가? 내로남불!
'정치 보복'은 없다고 공언했던 문재인은 '적폐 청산'은 열

심히 했다. 법적 응징의 기준도 느슨했다. 그 기준이 문재인 정권에 적용될 수도 있다는 생각은 미처 하지 못했던 걸까? 법적 응징의 대상이 될 수도 있다는 원론적 발언에 서둘러 '근거'를 대라며 분노하는 건 좀 성급하지 않은가?

2월 27일 여론조사업체 윈지코리아 대표이자 친여 스피커인 박시영은 자신의 페이스북에 '2034 남성들에게 드리는 말'이라는 제목의 글을 올렸다. 그는 "리더가 형편없으면 강대국에 둘러싼 우리나라는 큰일 난다. 경제도 휘청대고 검찰 독재가 시작된다. (윤 후보 아내) 김건희가 국정을 주무를 것이다. 그 뒤에는 무속인과 신천지가 있다. 정말 걱정되지 않는가"라며 "둘 다 마음에 안 들더라도 경제 능력, 외교 안보 능력 등을 따져봐야지. 정책 공약도 살펴보고. 현명한 선택을 기다리겠네"라고 했다.[140]

대선이 가까워오자 '윤석열 악마화'를 위해 역사까지 동원되었다. 2월 28일 유명 역사 유튜버 황현필은 '우리가 뽑아야 할 대통령은?'이라는 제목의 유튜브 영상에서 이재명을 이순신에, 윤석열을 원균에 빗대며 이재명을 공개 지지했다. 그는 "능력은 없으면서 자리만 탐하는 윤석열은 바로 그 원균 같은 자"라며 "이런 원균 같은 인물에게 전 세계 전시 상황에 우리 국가의, 우리 개개인의 안보와 생명과 외교와 국방을 맡긴단 말이냐"고 했다.[141]

3월 2일 황교익은 "선제 타격 부르짖는 윤석열은 이토 히로부미이고, 평화를 외치는 이재명은 안중근"이라고 주장했다. 그러면서 "윤석열은 역사의식이 바닥"이라며 "대한민국 시민 평균보다도 못하다. 이런 자를 대통령 자리에 앉히면 나라가 망한다"고 주장했다.[142]

3월 4일 민주당 원내대표 윤호중은 '윤석열-안철수 단일화'를 두고 "외형은 합당이라든가 공동 정부, 이렇게 지분을 나눈 것 같지만 사실은 안 후보의 정치 생명을 놓고 거래가 있었던 것 아닌가 이런 의문이 든다"며 "그러니까 기획된 협박 정치 결과일 수 있다"고 주장했다.[143]

민주당 사람들의 비명과 악담과 저주

3월 9일 대선은 윤석열의 승리로 끝났지만, 일부 이재명 지지자들은 이 결과에 사실상 불복하겠다는 듯 윤석열에 대한 악담을 퍼부었다. 이재명을 공개 지지 선언했던 '고발 사주 의혹' 제보자 조성은은 3월 10일 자신의 페이스북에 2017년 3월 10일 전 대통령 박근혜 탄핵 선고 사진을 게재하며 "오늘은 2017. 3. 10. 5년 전 박근혜 대통령이 탄핵된 날이다. 역사란 어떻게 또 흘러갈지 두고 볼 일"이라고 했다.[144]

시인 류근은 3월 10일 페이스북에 올린 글에서 "또 졌습니다. 괜찮습니다. 군인이 지배하는 나라에도 살아봤습니다. 사기꾼, 무능력자가 지배하는 나라에도 살아봤습니다. 괜찮습니다. 안 죽었습니다"라며 "우린 최선을 다했습니다. 그런데 아, 우리 시대의 실력이 여기까지입니다. 나라의 운명이 여기까지입니다"라고 적었다. 이어 "이제 검사가 지배하는 나라에 몇 년 살아봅시다. 어떤 나라가 되는지 경험해봅시다. 어떤 범죄가 살고 어떤 범죄가 죽는지 지켜봅시다. 보수를 참칭하는 자들이 권력을 어떻게 사용하는지 지켜봅시다. 나라가 어떻게 위태로워지는지 지켜봅시다"라고도 했다. 아울러 "청년과 여성과 노인들이 얼마나 괴로워지는지 지켜봅시다. 가난한 사람들이 어떻게 더 가난해지는지 지켜봅시다. 검사 엘리트들이 지배하는 나라 재미있게 살아봅시다"라고 말했다.[145]

3월 11일 광주시 한 고교 교사는 수업 중 대선 결과를 언급하면서 "윤석열이 검찰 출신이니까 검찰을 동원해 보기 싫은 놈들을 조져버리면 군사독재 못지않게 된다"고 발언해 논란이 되었다.[146] 3월 13일 김민웅은 대선 패배 원인에 대해 "윤석열을 필두로 한 정치 검찰의 쿠데타 진압에 무력했다. 촛불 혁명의 대의에 충실하지 않은 결과"라고 주장했다.[147] 3월 14일 황교익은 "이명박과 박근혜를 합쳐놓은 시대가 우리 앞에 놓여 있다"며 "국민이 선택한 것이니 다 같이 감당해내어야 할 일"이라고 했다.[148]

3월 15일 민주당 소속 울산시의회 부의장 손종학은 자신의 블로그에 올린 '화딱지가 치밀어 미쳐버리겠다'라는 글에서 "천하인종지말자의 지배를 받게 되다니! 피가 역류해 못 살겠다"고 썼다. 또 "인두겁을 쓴 악의 종자를 따르는 좀비들이 더 밉다"고 했다. 윤석열을 인간 말종이나 악의 종자에, 그 지지자를 좀비에 각각 비유한 것이다. 그는 "만나는 주민들에게 욕을 퍼부을 것 같아 사람 보기가 싫다"며 "5년을 어이 견딜지 속이 타들어간다"고 했다.[149]

3월 22일 최강욱은 페이스북에 올린 글에서 "나라의 주인은 분명 국민이라는 점을, 윤석열 씨의 몸과 마음에 확실히 새겨줄 수 있도록 하겠다"며 "망나니들의 장난질에 부서지고 망가지더라도 결코 무릎 꿇지 않을 것"이라고 했다.[150]

3월 27일 배우 문성근은 브라질 정치를 다룬 다큐멘터리 영화 〈위기의 민주주의〉를 언급하면서 이렇게 주장했다. "윤석열 총장의 난동이 시작되자 많은 분들이 '법비 法匪들의 연성 쿠데타'라며 이 다큐를 언급했다. 맞다. 검찰 쿠데타를 당한 것 같지만 우리는 브라질과 다르니 싸울 수 있다."[151]

4월 14일 시인 류근은 "2번 찍은 후 윤석열 당선을 마치 자신의 승리인 양 오늘까지 행복해하는 분들, 이제 하루하루 이게 누구의 나라이고 개돼지가 누구인지 확인하게 될 것이다"며 이렇게 주장했다.

"식민지와 전쟁과 쿠데타와 광주 민간인 학살을 겪은

상처와 후유증이 아직 치유되지 않은 나라에서, 이제 그 위에 온갖 불의와 독선과 오만과 야만의 한 줌 적폐들이 다시 권력을 구가할 수 있는 시대가 되었다."[152]

'우리 편 신격화, 반대편 악마화'

이렇듯 '윤석열 악마화'가 집요하게 이루어졌지만, 드물게 나마 민주당 내에서도 대선 패배의 원인을 내부에서 찾으면서 민주당의 성찰을 촉구하는 의견도 있었다. 3월 22일 민주당 의원 이탄희는 촛불의 열망을 민주당이 독점한 데서 대선 패인을 찾았다. 그는 "다양성을 잃은 채 우리는 신격화하고, 남은 악마화한 경직된 태도"가 민주당을 민심에서 멀어지게 했다며 "(이번 대선에서) 이에 대한 심판이 이뤄진 것이다"고 했다.[153]

4월 18일 전 민주당 최고위원 김해영은 민주당에서 소위 '검수완박' 법안을 당론으로 추진하는 데 대해 공개적으로 반대 의사를 밝혔다. 그는 민주당의 검수완박 추진

배경에는 '악당론'과 '지키자 프레임'이 있다고 분석했다. 그는 "악당론은 국민의힘이나 검찰 등을 악당으로 규정하면서 악당은 궤멸시켜야 한다는 논리이고, 지키자 프레임은 진영 내 특정 인물을 성역화하면서 누구누구를 지켜야 한다는 것"이라고 했다.[154]

4월 19일 노무현 정부 시절 법무부 장관을 지낸 천정배는 민주당이 추진하는 검수완박 입법을 "굉장한 졸속"이라며 공개 반대했다. 그는 "저도 민주당원이기는 합니다만, 아마 대선에 지고 보니 (민주당이) 심리적 균형을 좀 잃고 있는 것 같다"라며 "언제부터인가 민주당에는 극히 독선적이고 전투적인 강경파가 득세하기 시작했다. 이 사람들은 자기 생각만 절대 옳고 합리적인 토론은 거부하면서 조금이라도 다른 의견을 내보이는 사람에 대해서는 심지어는 같은 당 사람이라 하더라도 악마화한다"고 강하게 비판했다.[155]

" '검수완박을 처리하지 않으면 문재인 청와대 사람 20명이 감옥 갈 수 있다'는 말도 들었다." 무소속 의원 양향자가 『조선일보』(4월 21일) 인터뷰에서 민주당 쪽에서

들은 말이라며 소개한 것이다. 그러나 그는 "정치를 안 하더라도 국익을 위해, 양심을 믿고 가야겠다"는 생각으로 민주당의 '검수완박 쇼'에 참여하는 걸 거부했다.

민주당의 '검수완박 쇼'는 온갖 편법과 꼼수가 총동원된 가운데 5월 3일 주연을 맡은 문재인의 법안 공포로 끝을 맺었다. 야권에선 문재인을 향해 "영락없이 겁먹은 도둑의 모습"(김근식) 등과 같은 독한 비난이 쏟아졌지만,[156] 문재인과 민주당에 일관성은 있었다는 점은 인정해주어야 할지도 모르겠다. 그들이 대선에서 패배한 이유와 검수완박에 집착한 이유는 똑같은 것이었다는 점에서 말이다. 그건 바로 '윤석열 악마화'였다.

6월 24일 황교익은 페이스북을 통해 "윤석열을 하루빨리 대통령 자리에서 물러나게 하는 것이 대한민국을 위하는 일"이라고 막말을 퍼부었다.[157] 그는 선각자였던가 보다. 민주당 8·28 전당대회 출마자들이 7월 중순부터 이제 취임 2개월 조금 지난 윤석열을 향해 "탄핵"까지 거론하기 시작했으니 말이다.[158] 이어 윤석열을 쫓아내기 위한 '촛불집회'까지 거론되었으며,[159] 10월 초순엔 아예 그런 촛불

집회의 연단에 서서 윤석열 퇴진을 외치는 국회의원(김용민)까지 나타났다.[160]

적을 증오하면 판단력이 흐려진다

대통령 탄핵까지 거론되는 사회적 분위기에 영향 받은 것인지는 알 수 없지만, 8월 27일 동국대학교 교수 이철기는 자신의 페이스북을 통해 정년퇴임을 앞두고 "신임 대통령 윤석열의 이름으로 포상을 받고 싶은 생각이 없다"며 '퇴직 교원 정부 포상 포기 확인서'를 학교에 제출했다고 밝혔다. 그는 "훈포장은 국가의 이름으로 주는 것이긴 하지만, 윤석열의 이름이 들어간 증서를 받는 것은 제 자존심과 양심상 너무 치욕적으로 느껴졌다"고 했다. 그러면서 "마치 조선 총독에게 무엇을 받는 기분"이라고 했다.[161]

의인義人으로 보아야 할까, 아니면 과도한 정파성의 포로가 된 사람으로 보아야 할까? 이철기는 노무현 대통령 당선 직후 대통령직 인수위원회 자문위원으로 활동했고,

제19대 국회의원 선거에서는 민주통합당 후보로 인천 연수구에 출마했다고 한다. 윤석열을 일제강점기의 조선 총독으로 생각할 정도라면, 독재정권 시절엔 어떻게 살았던 걸까? 그게 궁금하긴 하지만 그만큼 '퇴마 정치'가 심화된 시대 상황의 한 에피소드로 이해하는 게 좋을 것 같다.

이제 이야기를 마무리 짓자. 영화 〈대부 3〉에서 대부 마이클 콜레오네는 "절대로 적을 미워하지 마라. 판단력이 흐려진다"고 했지만,[162] 문재인과 민주당은 시종일관 이 경고에 반하는 방향으로만 행동했다. 문재인과 민주당은 윤석열을 미워하는 수준을 넘어 악마로 간주함으로써 스스로 자해自害를 일삼는 패닉 상태에 빠져들고 말았다. '윤석열 악마화'라는 마약에 중독된 상태였다고 말할 수도 있겠다.

그들은 패닉 상태에서 윤석열의 권력욕과 사악함에 대한 극단적인 과대평가와 윤석열의 능력과 도덕성에 대한 극단적인 과소평가를 저지름으로써 윤석열보다는 자신들의 그늘과 어두움에 대해 훨씬 더 많은 걸 폭로하고 말았다. 그 폭로의 핵심은 '우리 편 신격화, 반대편 악마화'로 요약할 수 있는 부족주의적 정파성과 원리주의적 탈레반

기질이었다.

　그게 바로 지난 5년간 문재인 정권의 국정 운영을 지배한 기본 원리였다. 문재인 정권 사람들은 여전히 윤석열과 그 일당이 얼마나 사악하고 무능한지를 폭로하는 일에 집착했지만, 자신들의 부족주의적 정파성과 원리주의적 탈레반 기질이 더 큰 문제라고 생각하는 유권자가 더 많았다는 사실은 외면했다.

　문재인 정권이 신봉했던 부족주의와 원리주의의 이론가이자 실천가였던 김어준은 지난 3월 하순 "윤석열의 유효기간은 선거와 함께 끝났다"고 주장했다. 윤석열은 "정권 교체라는 프레임, 비호감 선거라는 프레임, 여론조사 가스라이팅 등 때문"에 당선된 것일 뿐,[163] 사실상 몰락을 향해 나아가리라고 본 셈이다.

　그럴 수도 있겠다. 일일이 열거하기 힘들 정도로 많은 문제를 안고 있는 윤석열 정권에 이렇다 할 기대를 거는 사람은 매우 적은 반면 윤석열 정권의 몰락을 위해 목숨 걸다시피 하는 사람이 워낙 많은 탓에 김어준의 그런 진단이 실현된다고 해서 놀랄 일은 아닐 게다.

그러나 그 과정에서 문재인 정권 사람들의 부족주의와 원리주의의 폐해가 다시 한번 부각되어 양쪽 모두의 공멸이 이루어진다면 국가적 차원에선 슬퍼할 일만은 아닐지도 모르겠다. 카를 마르크스의 다음 말을 음미하면서 말이다.

"지금 세대의 사람들은 모세가 사막으로 이끈 유대인과 마찬가지다. 이 세대는 새로운 세상을 정복하는 데 그치지 않고 몰락해야만 한다. 그래서 이 세상에 알맞게 성장한 새로운 인간들에게 자리를 내주어야 한다."[164]

제2장

금태섭이 되겠다던
김남국의
살벌한 변신

영혼이 맑은 김남국은 왜 싸움꾼이 되었나?

멀쩡하던 사람도, 아니 자신의 분야에서 존경을 누리던 사람마저, 여의도로 가 금배지만 달고 나면 싸움꾼으로 변한다. 국회라는 곳이 싸움꾼들의 집결지인가? 무슨 정책을 놓고 더 나은 아이디어를 제시하면서 우위를 점하려는 싸움도 아니다. 상대편에 대한 비방과 모욕이 싸움의 주요 콘텐츠다. 위에서 시켜서 그러는 걸까? 아니면 그런 집단 분위기에 휘둘려 그러는 걸까?

　물론 모두가 다 그런 건 아니다. 개인차가 있다. 팬덤과 언론의 주목을 받고자 하는 열정의 강도가 그 차이를 결정하는 것 같다. 평균적인 시민이 이름을 댈 수 있는 국회의원의 수가 얼마나 될까? 이름이 널리 알려지기를 바라는 의원이 이름을 빨리 알릴 수 있는 최상의 방법은 싸움이다. 예전과는 달리 언론에 잘 보일 필요도 없다. SNS에 독설 몇 마디만 올리면 그걸 정성스레 보도해주는 언론 매체가 넘쳐나니까 말이다. 풍토가 이렇다 보니, 처음엔 아주 착하고 성실해 보이던 의원들마저 독설로 무장한 전사로 변신하기도 한다.

그런 전사 그룹에 속하는 민주당 의원 김남국에 대해 좀 말씀드리고 싶다. 비판을 하려는 건 아니다. 물론 결과적으론 비판이 되겠지만, 그게 이 글의 주요 목적은 아니라는 뜻이다. 정작 비판받아야 할 사람들은 따로 있다. 언론 탓을 하는 것도 필요하겠지만, 더 큰 문제는 그런 '이전투구泥田鬪狗 정치'의 틀을 만들었던 전 대통령 문재인을 포함한 정치권의 상층부 리더들에게 있다. 착하고 성실하게 국민을 위해 봉사할 수 있는 품성과 자질이 충만한 의원을 이전투구 전사로 내몰았으니, 그 책임이 얼마나 큰가? 정치권 전체의 각성을 촉구하려는 게 이 글의 목적임을 분명히 해두고 싶다.

1982년생인 김남국은 어떤 인물인가? 나는 그의 고교(광주 살레시오고) 시절 은사가 『오마이뉴스』(2020년 2월 23일)에 기고한 「내 제자 김남국 변호사는 이런 사람입니다」라는 글의 내용을 믿는다. 이 글에 따르면, 김남국은 "이 세상 그 누구보다 아이들을 좋아하고, 후배들을 살뜰히 챙기며, 공부하고 토론하는 걸 좋아하는 천성"을 가진 사람으로, "이전투구의 대한민국 정치판에서 뒹굴기에는 영혼이 매우 맑다".[1]

이상한 일이다. 왜 영혼이 매우 맑은 사람이 이전투구의 선두에서 싸움꾼으로 맹활약을 하게 되었단 말인가? 사실 이 궁금증은 문재인에게 더 어울릴지도 모르겠다. 김남국 이상으로 영혼이 맑았던 문재인은 적폐 청산이라는 명분을 내세워 이전투구를 미화했다. 문자 폭탄과 악플을 '경쟁을 더 흥미롭게 만들어주는 양념'이라고 하면서 그런 공격을 받는 사람들에게 "담담하게 받아들이라"고 조언을 할 정도였다. 이런 무감각도 문제였지만 더 큰 문제는 상습적인 '내로남불'이었다. 반대편엔 가혹할 정도로 엄했지만 우리 편엔 무한대의 관용을 베풀면서 정의와 공정을 유린했다.

　왜 그랬을까? 그게 어떻게 가능했을까? 무서운 역설이지만, 나는 정치처럼 갈등을 먹고사는 분야에선 영혼이 맑은 사람일수록 내로남불의 동력이 되는 독선과 오만이 강한 동시에 그걸 깨닫지 못할 가능성이 높다고 본다. 사회과학적으로 설명하자면, '도덕적 우월감'을 갖는 사람들이 부도덕해지기 쉬운 걸 밝힌 이른바 '도덕적 면허 효과moral licensing effect'라는 개념이 적합하다.[2] 평소 더할 나위 없이 겸손했던 어느 진보 인사가 술 한잔 들어간 상황에서 "내가 누군지 알아?"라고 외치는 뜻밖의 모습을 보인다면, 바로 그런 효과가 작동한 것으로 이해하면 되겠다.

금태섭을 김남국으로 대체한 팬덤 정치

김남국은 변호사 시절 '조국 수호(또는 '검찰 개혁')'를 위해 집회에서 발언하고 '김어준의 다스뵈이다'에 출연하는 등 적극적인 활동을 하면서 세상에 이름을 알리게 되었다. 그는 2019년 12월 31일 '김남국TV'에서 매일 밤마다 조국을 위해 기도한 후 잠자리에 든다고 밝혔으며,[3] 서초동 집회에서도 "조 전 장관 사진을 머리맡에 두고 매일 기도하면서 잠을 잔다"고 했다.[4]

2020년 4·15 총선을 2개월 앞둔 2월 중순 김남국은 총선 첫 출마 지역으로 민주당에서 '조국 수호'에 비판적이었던 금태섭의 지역구(서울 강서구갑)를 택해 경선에 나가기로 했다. 김남국의 당시 표현에 따르자면, 금태섭은 '골리앗' 김남국은 '다윗'이었지만, 결코 그렇게 볼 일은 아니었다. 당시 민주당과 지지자들은 '조국 수호'에 올인을 하고 있었기에 김남국의 유별난 '조국 사랑'은 그 누구도 넘볼 수 없는 그의 정치적 경쟁력이 되었다. 김남국에겐 '믿는 구석'이 있었다는 뜻이다.

이에 진중권은 2월 23일 김남국을 향해 "조국을 위해 '개싸움'을 한 것은 훈장이 아니다. 조국에게 사랑을 고백한 것은 잘한 짓이 아니다"라며 "이쪽에서 당을 위해 물러나는 게 좋다"고 밝혔다. 그는 "대통령 아드님의 법률 대리인을 한 사적 인연밖에 없는데 그런 게 공천 자격이 되나"라면서 "정치를 하려면 낙하산 타고 내려갈 생각하지 말고 젊은이들처럼 바닥부터 기어서 차근차근 올라가야 한다"고 했다. 끝으로 "반칙과 편법이 통하지 않는 사회는 노무현 대통령의 꿈이었다"면서 "조국으로 흥한 자는 조국으로 망한다"고 했다.[5]

'조국 수호'에 올인을 하면서도 총선이 '조국 대 반反조국' 구도로 흐르는 걸 경계하던 민주당은 3월 8일 김남국을 경기 안산단원을에 전략 공천하는 타협책을 택했다. 그러나 민주당 내에선 경선은 이미 '조국 대 반反조국' 구도가 형성되었기에 금태섭에게 절대적으로 불리한 상황엔 변함이 없었다. 3월 12일 금태섭은 당내 경선에서 전 민주당 상근 부대변인 강선우에게 패배해 탈락하고 말았다. 금태섭은 "친문 그룹 등에 좀 서운한 마음은 없나"고 묻는 기자의 질문에 "죄송하고 감사하고 면목이 없다. 그게 전부다"고 답했다.[6]

이에 진중권은 "친문 팬덤 정치의 폐해를 적나라하게

보여주는 사례다"고 했다. 그는 "아마 막대기에 '조국 수호'라 써서 내보냈어도 '막대기'가 공천 받았을 거다"며 다음과 같이 말했다. "이래서 의원들이 당에 쓴소리를 못하는 거다. 의원들이 의견 없는 130대의 거수기로 전락한 것은 이 때문이다. 괜히 다른 소리 했다가는 문재인 친위대들에게 조리돌림 당하다가 결국 이런 꼴이 된다. 홍위병 이용해 공포정치를 하는 문화혁명이 일상화한 거다."[7]

이게 정녕 젊은 30대 의원이 할 말인가?

4·15 총선의 지역구 득표율은 민주당 49.9퍼센트, 미래통합당 41.5퍼센트로 두 정당의 격차는 8.4퍼센트포인트에 불과했지만, 민주당은 의석 수 기준으론 거의 더블스코어 압승을 거두었다. 코로나19와 K-방역이 만들어낸 결과였지만, 민주당은 자기들이 잘해서 얻은 결과로 착각하면서 이후 더욱 거센 '팬덤 정치'의 수렁으로 빠져든다. 그 선두 그룹에 안산단원을에서 당선된 김남국이 있었다.

승자의 여유라고나 할까? 김남국은 금배지를 달고 가진 『중앙일보』 인터뷰에서 "금태섭 전 의원, 박용진 의원이 초선 때 소신 있는 목소리를 냈기 때문에 우리 당이 정책적 결정을 하는 과정에서 합리적인 방향으로 또 결정되는 면이 있었다고 생각한다"며 금태섭·박용진처럼 소신 있는 초선이 되겠다고 했다.[8]

이에 금태섭은 자신의 페이스북에 "과분한 말씀이고 앞으로 잘하시기를 바란다"면서도 "소신 있는 정치인이 되려면 우리 사회에서 논쟁이 되는 이슈에 대해서 용기 있게 자기 생각을 밝히고 평가를 받아야 한다"고 했다. 또 "조국 사태, 윤미향 사태 등에 대해서 당 지도부는 함구령을 내리고 국회의원들은 국민들이 가장 관심 있는 문제에 대해서 한마디도 하지 않는다. 이게 과연 정상인가"라고 덧붙였다.

그러자 김남국은 3일 자신의 페이스북에 "금태섭 의원님께서 우리 당의 선배 정치인으로서 후배 정치인을 품을 수 있는 넓은 마음과 태도를 보여주셨으면 하는 아쉬움이 있다"며 "이기적이고 표리부동한 자신의 모습도 함께 돌아보셨으면 좋겠다"고 적었다.[9] 이에 진중권은 "어제는 금태섭을 닮고 싶다더니, 정신이 오락가락하는 듯"이라며 "김남국 씨, 정신줄 놓지 말고 그냥 존재에 어울리게 간신하세요"라고 했다.[10]

김남국은 그날 출연한 라디오에서 금태섭이 2019년 12월 공수처 법안 처리 과정에서 기권표를 던져 당론을 위배했다는 이유로 5월 25일 경고 처분을 받은 것에 대해서도 금태섭을 비판했다. 그는 "강제 당론이 지켜지지 않은 점에 대한 징계는 적정했다고 보인다"며 "정제되지 않은 개인의 소신 발언들이 국회 안에서 계속 쏟아진다고 하면 일하는 국회는 상상하기 어려워 보인다"고 주장했다.[11] 이게 정녕 젊은 30대 의원의 입에서 나올 수 있는 말인가!

반면 『경향신문』은 「177석만 믿고… '선' 넘는 여당」이라는 기사에서 6개월이 지난 시점에 '경고 징계'를 내린 데 대해 '표적 징계' 논란이 제기된다고 했다. 당대표 이해찬은 "강제 당론을 어긴 데 대한 징계"라고 설명했지만, 이는 국회의원의 자유 투표를 허용한 국회법(114조의 2) 조항을 무시한 것뿐 아니라 "다른 목소리에 재갈을 물리는 것"이라는 내부 비판도 있다고 했다. 이 기사는 "안으로는 '다른 목소리'를 불허하며 일사불란함을 강조하고, 밖으로는 177석이라는 '힘의 논리'에 기대 국회를 끌고 가고 있다"고 비판했다.[12]

조폭처럼 맹목적 충성을 하는 게 문제 아닌가?

2020년 8월 6일 경기도지사 이재명이 여당 의원 176명 전원에게 서한을 보내 '대부업 최고금리 인하'를 요청한 지 단 하루 만에 김남국이 대부업체 최고 이자율을 연 24퍼센트에서 10퍼센트로 낮추는 이자제한법·대부업법 개정안을 발의하자, 여권선 "이 지사를 너무 따르는 거 아니냐"는 말이 나왔다. 김남국은 병원 수술실 CCTV 설치 의무화 법안(의료법 개정안)도 발의했는데, 이것 역시 이재명 주장과 일맥상통한 것이었다. "김 의원 쪽에서 경기도에 관련 자료를 요구했다"는 소문까지 퍼지면서 '김남국=친이재명계'란 관측까지 나왔다.

그러나 김남국은 언론 인터뷰에서 "억울한 부분이 있다"며 '친이재명계'란 시각에 대해 이렇게 반박했다. "이 지사와는 중앙대 선후배 관계로 개인적 인연은 있다. 그러나 정치적 계파로는 어느 쪽에도 저는 속해 있지 않다. 정권 재창출이 가능하다면 이낙연 의원이든, 이 지사든 누구든지 지지할 거다."[13]

'친이재명계'라는 걸 자랑스럽게 생각해도 좋을 텐데 왜 그렇게 강하게 부정한 걸까? 계파에 속하는 게 문제가 아니라 조폭처럼 맹목적 충성을 하는 게 문제일 텐데, 그에게 계파란 '맹목적 충성'과 같은 뜻이었을까? 이제 곧 우리는 그가 맑은 영혼을 가진 사람에겐 어울리지 않는 거칠거나 무책임한 발언을 자주 하는 걸 목격하게 된다.

9월 7일 김남국은 법무부 장관 추미애 아들의 군 복무 특혜 논란과 이를 향한 야당의 공세에 대해 "국민의힘당에 군대를 안 다녀오신 분들이 많아서 그런 것"이라고 주장했다. 그는 "군대 갔다 왔으면 이런 주장 못한다. 어떻게 돌아가는지 아니까"라면서 "제발 정치 공세는 그만 좀 하시고 그냥 수사 결과를 지켜보면 좋겠다. 너무 시끄럽고

지친다"고도 했다.[14]

그러나 추미애 아들 관련 의혹 제기에 앞장선 국민의힘 의원 신원식은 군 생활을 35년 한 예비역 육군 중장이었다.[15] 언론이 병무청의 현역 국회의원의 병역 이행 여부 자료를 전수 조사한 결과 현역 의원의 병역 면제자 수는 민주당 34명, 국민의힘 12명이었다. 자녀가 입영 대상이면서도 병역 면제 혜택을 받은 의원들은 총 16명으로 집계되었다. 정당별로는 민주당이 14명, 국민의힘 2명이었다. 민주당 소속 176명 의원의 자녀 병역 면제 비율은 7.95퍼센트로, 국민의힘(1.94퍼센트)보다 4배나 높았다.[16]

10월 21일 김남국은 금태섭이 민주당에서 탈당한 것에 대해 "어느 이유로 보나 (금 전 의원은) 정치적 신념과 소신에 따른 선택이 아니라 자리와 이익을 쫓아가는 철새 정치인의 모습"이라며 "이제 여기서는 안 될 것 같으니까 이런저런 핑계를 대면서 자신이 속했던 정당을 떠난다. 그냥 떠나는 것도 내가 못 먹는 우물 남도 먹지 말라는 못된 마음으로 침을 뱉고 떠난다"고 비난했다. 그는 "그분의 지금 태도는 유아적 수준의 이기적인 모습이다"고도 했다.[17]

이런 말을 하려면 "금태섭·박용진처럼 소신 있는 초선이 되겠다"던 자신의 4개월 전 발언에 대한 해명이 있어야 했던 게 아닐까? 소신 발언으로 숱한 '문자 폭탄과 악플' 테러를 당한 건 물론 결국엔 공천에서 탈락하는 보복을 당해야 했던 사람이 '자리와 이익'을 좇았다니, 이게 웬말인가? 이런 악담은 변신치고 인간에 대한 회의를 갖게 할 정도로 너무 살벌한 변신이 아니었을까?

조국과 이재명 사이에서의 방황인가?

2021년 5월 3일 김남국은 민주당 의원 전원이 속한 카카오톡 단체방에 당내 강성 지지층의 '문자 폭탄' 행동에 대해 문제를 제기한 의원 조응천을 향해 "문자 폭탄 이야기 좀 그만하시면 안 될까요"라고 요청하고 나섰다. 그는 "문자 폭탄 보내는 사람이 친문 강성만이 아니고, 저쪽에 이상한 사람들도 많이 보낸다"며 "이게 바로 보수가 원하는 프레임인데, 도대체 왜 저들의 장단에 맞춰서 놀아줘야 하

나"라고 반문했다.[18]

"이게 바로 보수가 원하는 프레임"이란 말이 인상적이다. 아마도 민주당과 그 지지자들 사이에서 가장 많이 쓰이는 말 '베스트 5' 중의 하나일 게다. "『조선일보』 프레임에 갇혔다"거나 "보수 신문에 먹잇감을 상납하는 정치"라는 말도 쓰인다. 1980년대의 운동권을 지배했던 이른바 '조직 보위론'의 변형된 논리다.

조직 보위론은 '진보의 대의'를 위해 활동하는 운동 조직을 '적'의 공격에서 '보위'해야 하며, 따라서 내부에서 성폭력 사건이 일어났다 하더라도 이를 조직 밖으로 알려선 안 된다는 논리다. 바로 이 논리에 따라 운동권 내부의 많은 성폭력 사건이 철저히 은폐되었고, 피해자에겐 이중, 삼중의 고통이 가해졌다.[19] 민주당은 바로 이 '조직 보위론' 때문에 망가졌지만, 민주당엔 여전히 이걸 깨닫지 못하는 사람이 많았다.

6월 30일 이재명은 『세계일보』 인터뷰에서 '조국 사태'와 관련해 "선택적 정의를 행사하는 검찰에 피해를 입었을지라도 현행법에 위반되는 행위를 했으면 그에 상응하는 책임을 져야 한다"고 말했다. 이에 조국 지지자들은 온라인상에서 해당 인터뷰 기사를 공유하며 "추미애(전 법무부 장관)를 지지하겠다", "기회주의적인 발언" 등의 비판을 쏟아냈다.[20]

7월 2일 국민의힘 의원 조수진은 김남국이 이재명 대선 캠프에서 수행실장을 맡은 것에 대해 "어느 정도 앞뒤는 맞아야 하지 않나"라고 비판했다. 조국의 사진을 침대 머리 밑에 두고 매일 기도한다는 김남국이 조국을 결사 옹위해온 당내 주류인 '친조국 부대'와 거리를 두겠다는 이재명의 '그림자 수행'을 전담하는 수행실장을 맡은 건 너무 이상하지 않느냐는 추궁이었다.[21]

공교롭게도 이즈음 출간된 책 한 권이 그 추궁에 대한 답을 주는 듯했다. '조국 흑서'라 불린 『한 번도 경험해보지 못한 나라』의 공저자인 변호사 권경애의 『무법의 시간』에 따르면, 김남국은 2020년 9월 6일 검찰의 정경심 기소 발표 후 권경애에게 "정 교수가 (표창장을) 위조한 것 같다. 사모펀드도 관여했고"라며 "(조국 당시 법무부 장관 후보는) 임명하면 안 될 것 같다"고 말했다. 또한 이후에도

"임명 안 할 줄 알았다"면서 "그래도 나는 진영을 지켜야 한다. 조국 법무부 장관을 수호해야 한다"고 했다.[22]

이에 대해 김남국은 "사실무근이다. 관련 주제로 이야기를 나눌 만큼 가까운 사이가 아니다"고 반박했지만,[23] 거의 종교적 수준으로 '조국 수호'를 실천해온 사람이 어떻게 해서건 조국과의 거리를 벌리려고 애쓴 이재명의 최측근 인사로 활약하는 게 어울리지 않는다는 건 분명했다. 조국과 이재명 사이에서 방황하는 것처럼 보이는 그의 행보는 이후로도 계속되었다.

김남국은 물불을 가리지 않는 순정파인가?

이재명은 불광불급不狂不及이란 말을 좋아했다.[24] 어떤 일을 하는 데 미치광이처럼 그 일에 미쳐야 목표에 도달할 수 있다는 말이다. 비판자들은 이 말을 좋아했던 황우석을 떠올리면서 불길하게 생각했지만, 지지자들은 불광불급의 상태가 가져올 수 있는 추진력과 파괴력을 사랑했다. 혹 김남국도 그런 불광불급의 원리에 따라 일단 맡은 일엔 열정적으로 최선을 다하자는 건 아니었을까?

강성파 중에서도 거친 말이 비교적 적었던 김남국은 이재명의 수행실장이 된 이후엔 이재명을 위한 일에선 크게 달라졌다. 그는 7월 13일 민주당 경선 선거인단에 신청해 논란을 일으킨 국민의힘 최고위원 김재원을 겨냥해 "무식한 놈이 용감하고, 양심 없는 놈이 뻔뻔하다"고 강하게 비난했다. 그는 "김 최고위원이 업무방해죄 언급에 '비루먹은 강아지' 꼴"이라며 "말은 태연한 척 뻔뻔하게 이야기를 했지만 심하게 겁먹고 잔뜩 쫄아 있는 것 같다"고 말했다.[25]

김남국이 이재명을 위해서라면 이런 거친 욕설도 마다하지 않은데다 민주당 내 경쟁자인 이낙연에 대한 저격수로 맹활약한 건 그가 워낙 순정파였기 때문일까? 9월 13일 김남국은 『중앙일보』가 주최한 '2040세대 좌담회' 중 조국 관련 이야기가 나오자 눈물을 흘리며 자리를 떴다. 그는 사흘 뒤 당시 상황에 대해 해명하면서 "(조국 사태가 화두로 올라) 갑자기 눈물이 쏟아져서 더이상 촬영을 계속 진행할 수 없었다"며 "왜 그렇게 서럽게 울었을까, 왜 눈물이 계속

멈추지 않았는지 모르겠다. 한마디 말로는 설명이 안 되는 것 같다"고 페이스북에 적었다.[26]

그런 순정파였기에 이재명을 위해선 물불을 가리지 않았던 걸까? 김남국은 11월 15일 민주당 선대위 온라인 소통 단장 자격으로 가진 기자회견에서 이재명과 관련된 가짜뉴스 유포에 대해 "이재명 후보와 관련한 가짜뉴스를 퍼뜨림으로써 이득을 보는 것은 윤석열 후보와 국민의힘"이라며 "만약 윤석열 국민의힘 후보와 정당 차원에서 조직적으로 악의적 가짜뉴스를 유포하는 것이라면 당장 그만둬야 한다"고 주장했다.[27] '만약 ~라면'이라는 식의 가정법 비판은 저질에 속한다는 걸 모를 리 없는 그가 왜 이렇게 무리를 한 걸까?

심지어 김남국은 "이재명 후보가 대장동 의혹이 터지자 신나 했다"면서 민심과 동떨어진 이야기를 하기까지 했다. 그는 11월 19일 유튜브 '김어준의 다스뵈이다'에서 "이 후보가 '좋은 정책을 했던 것을 알릴 수 있는 너무 좋은 기회'라고 했다"며 그런 어이없는 말을 한 것이다.[28] 이재명을 너무 숭배했기에 빚어진 해프닝이었을까?

12월 2일 이재명은 한국방송기자클럽 토론회에서 "조국 전 장관에 대해서는 여전히 민주당이 그간에 국민들로부터 외면받고 또 비판받는 문제의 근원 중 하나"라며 "제가 할 수 있는 범위 내에서는 아주 낮은 자세로 진지하게 사과드린다"고 말했다. 그는 "특히 공정성이 문제가 되고 있는 이 시대 상황에서 또 더불어민주당이 우리 국민들께 공정성에 대한 기대를 훼손하고 또 실망시켜 드리고 아프게 한 점은, 변명의 여지가 없는 잘못"이라고 거듭 조국 논란에 대해 사죄했다.[29]

이에 금태섭은 "'조국 수호'에 앞장섰다가 지금 이재명 캠프에서 활약하고 있는 김남국, 김용민 의원님의 견해를 듣고 싶다"며 이렇게 말했다. "그분들도 반성하거나, 혹은 그렇지 않더라도 이재명 후보가 그분들을 설득하려는 모습이라도 보인다면 진심이라고 믿을 수 있다. 그렇지 않다면 한쪽에서는 반성한다고 하고 다른 한쪽에서는 강성 지지자들 입맛에 맞는 얘기를 하는, 등 때리고 배 만지는 행태와 전혀 다를 게 없다."[30]

대선과 지방선거의 패배로도 모자란가?

2022년 3월 9일 대선은 윤석열의 승리로 끝남으로써 금태섭의 민주당 비판이 옳았다는 걸 입증해주었지만, 민주당은 진정성 없는 사과의 시늉만 냈을 뿐 어디서부터 무엇이 잘못되었는지에 대해선 아무런 말이 없었다. 김남국도 여전히 잘못된 길을 계속 헤매고 있었다.

3월 28일 김남국은 페이스북에 "아침 일찍부터 정성호 의원님과 함께 송영길 전 대표가 머물고 있는 경북 영천의 은해사를 방문했다"며 "지난 대선에서 당대표로서 헌신하고 희생했던 점들에 대해 감사하다는 말씀을 드렸다. 민주당의 쇄신과 유능한 민생 정당으로 거듭나기 위한 방안, 그리고 앞으로 대한민국 국정 운영을 책임질 윤석열 당선인의 행보 등 다양한 주제로 이야기를 나눴다"고 밝혔다.[31]

이 회동은 '역사적 회동'이 되었다. 나중에 언론은 바로 이때에 송영길이 서울시장에 출마하고, 이재명이 송영길의 지역구인 인천 계양을 보궐선거에 나가는 방안이 결정되었을 것으로 보았으니 말이다. 그냥 평범한 상식의 눈으로 보자면 그건 도무지 말이 안 되는 일이었건만, 그걸 전혀 깨닫지 못할 정도로 민주당은 상식을 잃었고 그 선두에 김남국이 있었다.

민주당 의원 민형배가 이른바 검수완박 법안 처리를 위해 탈당한 데 대해 민주당 비상대책위원 조응천은 4월 21일 CBS 라디오 〈김현정의 뉴스쇼〉에서 "무리수"라고 평가하며 "절차적 정당성이 없으면 민주주의가 무너진다는 말이 있다"고 했다. 그는 "(지난 총선 당시) 위성정당에 대해서 대선 기간 중에 이재명 후보가 몇 번 사과하고 반성하지 않았느냐. 그런데 얼마 됐다고 또 이런 탈당까지, 무리수를 감행하는가"라며 "국민들이 뭐라고 생각하실지 좀 두렵다"고 했다.

반면 김남국은 정반대의 입장을 취했다. 그는 KBS 라디오 〈최경영의 최강시사〉에서 "이 법안을 기한을 지켜서 통과시켜야 한다는 절박함과, 입법 절차적으로 봤을 때 안건조정위를 통과시키지 못하면 법안 통과가 사실상 저지된다는 그런 어려움 때문에 만반의 준비를 한다고 생각해주시면 좋을 것 같다"고 했다.[32]

민주당이 대패한 6·1 지방선거 결과는 다시 민주당과 김남국의 생각이 잘못되었음을 입증해주었다. 무엇보다도 김남국이 선두에 서서 밀어붙인 검수완박 입법이 문제였다. 5월 2~4일 검수완박 법안의 국회 통과 직후 엠브레인퍼블릭 등 4개 기관의 공동 여론조사에서 검수완박 입법에 대한 부정 평가가 52퍼센트나 되었고, 긍정 평가는 33퍼센트에 그쳤다.[33] 무소속으로 전남 영광군수에 당선된 강종만은 "검수완박만 해도 현장에 가보면 '다수당 횡포 아니냐', '소수 의견을 수렴해 공감대를 형성했어야 한다'고들 하신다"며 "유권자를 '표 찍는 기계'로만 보고 가까이 다가가지 않아 못 들은 것"이라고 했다.[34]

6월 2일 민주당 공동비상대책위원장 윤호중·박지현과 비대위원들은 "6·1 지방선거 패배의 책임을 지고 총사퇴하기로 했다"고 밝혔다. 하지만 김남국을 비롯한 민주당 강경파 초선 의원 모임인 '처럼회' 소속 의원들은 지방선거 패배의 이유를 민주당이 더 강하게 밀어붙이지 못한 것에서 찾으면서 성찰은 자신들의 몫이 아님을 분명히 했다.

이에 대해 『동아일보』(6월 3일)는 "6·1 지방선거 패배를 두고 더불어민주당 내 '이재명 책임론'이 거세지는 가운데 정작 '검수완박' 입법 강행 등을 주도한 당내 강경파에 대해서는 이렇다 할 '책임론'이 제기되지 않고 있다"며 "당내 주요 세력들이 당의 근본적 변화와 쇄신이 아닌 8월 전당대회를 염두에 둔 권력 쟁탈전에만 매몰되고 있다는 지적이 나온다"고 했다.[35] 김남국을 비롯한 처럼회 의원들이 생각을 바꾸기엔 대선과 지방선거의 패배로도 모자란 걸까? 아니면 그들에게 더 중요한 건 당내 헤게모니 장악일 뿐인가?

민주당의 흥망을 상징하는 금태섭과 김남국

6월 초순 기준으로 민주당은 분당分黨 가능성까지 거론될 정도로 극심한 내분에 빠졌다. 온갖 비방과 독설이 난무했다. 그런데 이상한 일이었다. 원래 독설이라고 하면 민주당 내에선 정청래를 따라 갈 사람이 없었는데, 그는 이 문제에선 의외로 온건했으니 말이다. 그는 '이재명 책임론'에 대해 "10년 전에도 대선 패배 후 문재인 당시 대선 후보에게 '의원직을 사퇴하고 정계 은퇴하라'고 주장한 의원들이 있었다"라며 "남 탓하지 말자"라고 말했다.[36] 설령 이게 줄을 갈아타기 위한 셈법에서 비롯된 것이라고 할지라도, 이는 그 누구에게도 상처를 주지 않는 건설적 발언이 아닌가?

상처를 주는 건 물론 화해조차 어려울 정도로 거칠고 강한 독설은 김남국의 입에서 나왔다. 김남국은 '이재명 죽이기 기획설'까지 꺼내고 말았으니,[37] 이건 국민의힘 의원을 향해서도 해선 안 될 말이 아닌가? 김남국이 조국에 이어 이재명에 대해서까지 종교적 수준의 수호 의지를 갖고 있어서 한 말인지는 모르겠지만, 이건 분명히 선을 넘은 발언이었다.

민주당은 과연 이 모든 거친 내분을 이겨내고 살아날 수 있을까? 민주당은 그간 수없이 많은 사과를 했지만, 금태섭에겐 사과하지 않았다는 걸 상기할 필요가 있겠다. 사과가 엉터리였다는 걸 스스로 폭로한 셈이다. 금태섭에게 사과할 정도로 진정성 있는 태도를 보이지 않는다면 살아날 길은 없다는 게 내 생각이다. 물론 윤석열 정권이 속된

말로 '개판'을 치는 하나의 가능성이 남아 있고, 날이 갈수록 그 가능성이 높아 보이긴 하지만, 정녕 한국 민주주의가 거대 정당이 번갈아가면서 '대형 사고'를 치는 것에 의해서 굴러가야 하겠는가?

금태섭과 김남국! 나는 이 두 분이 민주당의 흥망을 상징하는 대표적 인물이라고 생각한다. 한동안 금태섭은 망했고 김남국은 흥했다. 그러나 문재인 정권이 위기에 처하면서 모든 게 달라졌다. 문재인 정권의 상층부 인사들은 '조국 사태'는 물론 금태섭이 일관되게 비판했던 '독선과 오만과 내로남불'에 대해 여러 차례 사과함으로써 금태섭이 옳았음을 입증했다. 김남국은 그런 사과에 동참하거나 반발했어야 했다. 그러나 그는 엉거주춤한 자세를 유지하면서 스스로 모순에 너그러운 사람이 되었다.

김남국은 4월 4일 대선 패배 이후 심경에 대해 "마음의 정리가 아직도 안 됐다"며 "문득문득 막 혼자서 울고 그런다"고 했다.[38] 나는 평소 눈물이 많은 김남국의 맑은 영혼과 착함을 믿는다. 그의 생각도 존중하련다. 그러나 '조국 사태'에 대한 엉거주춤한 자세와 모순에 대해선 그가 성실한 해명을 해야 한다고 생각한다. 어떤 식으로건 그가 금태섭에게 '인간에 대한 예의'를 보여주길 기대하는 건 무리일까?

제3장

'화염병 시대'에 갇힌
사람들

MBC, 이게 '방송 민주화'인가?

"이러려고 기자 된 것도 아니지만, 무엇보다 MBC 기자라는 사실이 시대의 죄인이 된 기분이다.""MBC 취재진인지를 알아챌까봐 마이크 태그마저 떼어낸 채 '몰래 중계차'를 타야 했다.""'짖어봐'라거나 '부끄럽지 않냐'고 호통을 치는 분들도 있어서 고개를 들고 다닐 수가 없다.""인터뷰를 시도하면 '배터리 아깝게 왜 찍으려 그러느냐', '청와데스크 말고 〈뉴스데스크〉에 나가는 거 맞느냐' 등등 조소와 비아냥만 날아들기가 다반사다.""집회 내내 취재진을 쫓아다니며 '여기는 MBC 기자들이니 인터뷰하지 말라'고 안내하는 시민들도 만나게 된다."

2016년 11월 촛불 집회의 현장에서 시민들에게 이런저런 봉변을 당한 MBC 기자들의 증언이다. 이명박·박근혜 정권에서 방송 민주화를 위해 애쓰던 방송인들이 가혹한 탄압을 받고 방송 현장에서 쫓겨난 가운데 완성된 이른바 '어용 방송'의 비참한 모습이었다. 모든 비극은 정권의 공영방송 장악에서 비롯된 것이었음은 두말할 나위가 없다.

민주당 대선 주자 문재인은 2016년 12월 방송 민주화를 위해 고초를 겪다가 암 투병 중이던 MBC 기자 이용마를 찾아가 "공영방송의 지배 구조를 개선하는 법적 장치를 확실히 제도화할 필요가 있다"고 밝혔다. 감동적인 장면이었다. 그가 대통령이 되면 곧 공영방송의 독립이 이루어질 걸로 믿었다. 그러나 그런 일은 일어나지 않았다. 이용마는 2019년 2월 13일 병석에서 페이스북에 이런 글을 올렸다.

"공영방송 사장 선임 과정에 공론화 위원회 방식의

국민 대표단 제도를 전격 도입해 국민들이 직접 사장을 뽑을 수 있게 하면 공영방송 종사자들이 정치권 눈치를 볼 일이 없어질 것이다.……이런 의견성 글도 거의 마지막이 아닌가 싶다. 온몸의 에너지가 빠져서 머리로 정리하는 것도 쉽지 않다."

이용마는 그해 8월 21일 세상을 떠났지만, 이후에도 달라진 건 없었다. 문재인 정권하에서 MBC는 180도로 달라져 '적폐 청산'에만 심혈을 기울였을 뿐 '공정'이니 '독립'이니 하는 것엔 별 관심이 없는 것 같았다. 2019년 9월 말 '조국 수호 촛불 집회'가 열리자 집회 현장에 드론을 띄운 보도국장 박성제는 김어준의 TBS 라디오에 출연, "딱 보니까 100만(명)짜리 (집회)"라고 했다. 그는 "검찰이 언론 플레이를 하고 있다"며 검찰을 비판하기도 했다.

이상한 일이었다. 역대 어느 방송사의 보도국장이 그런 정치적 발언을 공개적으로 한 적이 있었던가? 박성제는 2017년 7월에 출간한 『권력과 언론』이라는 책의 결론에서 "권력을 감시하고 비판하는 것은 언론의 숙명이다"며 "문재인 정권을 어떠한 각도에서 감시하고 비판할 것인가?"라고 물었다. 그는 "신뢰를 회복해가려는 언론인이라면 이 같은 질문을 외면해서는 안 된다. 스스로 묻고 답을 고민해야 한다"고 했다.

이 책을 감명 깊게 읽었던 나로서는 MBC가 대다수 국민의 신뢰를 회복하기를 염원했다. 그러나 2020년 2월 사장이 된 박성제의 MBC는 검찰과의 본격적인 전쟁에 뛰어든 것처럼 보였다. 누가 옳건 그르건, '조국 사태'로 인해 '두 개로 쪼개진 나라'에서 어느 한 편을 돕는 게 과연 그가 스스로 던진 질문에 대한 답이었을까?

한동안 검찰 관련 뉴스의 한복판에 MBC가 있었다. MBC는 이른바 '검언 유착' 보도를 주도했고, 이 보도는 추미애의 법무부를 움직이는 근거가 되기도 했다. 나중엔 '검언 유착'이 아니라 MBC가 참여한 '권언 유착'이라는 의혹이 우세해졌지만, 이는 '공정' 개념을 상실한 문재인 정권에선 밝혀질 수 없는 '미제' 사건으로 남게 되었다.

2021년 7월 9일 MBC는 〈뉴스데스크〉에서 "본사 취재진이 윤석열 전 검찰총장의 부인 김건희 씨의 박사 논문을 검증하기 위한 취재 과정에서 취재 윤리를 위반한 사실을 확인했다"며 사과 방송을 했다. 취재를 위해 경찰 신분을 사칭했다는 것인데, 굳이 왜 그렇게까지 해야 했던 걸까? MBC를 지배하는 그 어떤 분위기가 있는 게 아닐까?

이틀 전 MBC는 세간의 뜨거운 관심을 모은 '김건희 녹취록'을 방송했다. 국민의힘은 "김씨 동의를 얻지 않은 불법 녹취"라며 법원에 보도 금지 가처분 신청을 냈지만, 뜻을 이루지 못했다. 보도 금지 가처분과 같은 '사전 억제 prior restraint'는 언론 자유를 해칠 수 있으므로 언론이 결사 반대하고 법원이 가급적 언론의 손을 들어주는 건 당연한 일이다.

그런데 그건 언론사 자체 취재 기사일 경우다. MBC는 사실상 편집과 배포의 역할만 맡았을 뿐 알맹이인 녹취록은 유튜브 채널 '서울의소리'에서 건네받은 것이다. 유튜브에 압도당하는 지상파 방송의 몰락을 시사하는 상징적 사건인가? MBC가 지상파의 자존심을 버리고 작은 유튜브 채널의 '하청' 역할을 맡은 건 겸손으로 이해하기로 하자. 녹취와 관련된 언론 윤리의 문제도 그냥 넘어가자.

나는 '김건희 녹취록' 논란은 김건희와 윤석열의 자

업자득이라고 보기 때문에 이를 둘러싼 정치적 공방엔 관심이 없다. 내가 관심을 갖는 건 공영방송의 존재 이유다. MBC가 아니어도 녹취록 방송은 어차피 다른 매체들에 의해 이루어질 텐데 왜 굳이 공영방송이 '두 개로 쪼개진' 공론장의 한복판에 사실상 어느 한쪽을 편드는 역할로 뛰어들어야 한단 말인가? 이게 6년 전 MBC 기자들이 그토록 울부짖었던 방송 민주화인가?

MBC는 '편들기'가 아니라 해당 방송의 공익적 가치를 높게 평가했을 수도 있겠다. 하지만 공익적 가치가 매우 높은 '대장동 사태'에 대해선 그런 열의를 보인 적이 없는 것 같다. 조국 사태에서도 어느 한쪽의 공익만 보았지 생각을 달리하는 쪽이 말하는 공익은 외면했던 것 같다. 이른바 '선택적 공익'은 피해야 하는 게 아닐까?

방송 민주화는 진보의 편을 드는 것이 아니다. 보수는 반드시 이겨야 하거나 청산해야 할 대상으로 보는 것도 아니다. MBC 방송 강령은 "사회 각층의 다양한 의견을 반영해 불편부당한 공정 방송에 힘쓴다"고 되어 있지 않은가? 처음에 천명한 원칙과 정신에 충실한 것이 방송 민주화다. 나는 MBC가 더 멀리 내다보면서 현재 살벌한 양상으로 벌어지고 있는 정치적 갈등을 해소하고 국민 화합에 보탬이 되는 방향으로 본분에 충실해주면 좋겠다.(『무등일보』·『영남일보』·『중부일보』·『충청투데이』, 2022년 1월 18일 공동 게재)

왜 "김혜경 172분, 김건희 17분"이었나?

2022년 2월 19일 국회 과학기술정보방송통신위원장인 민주당 의원 이원욱은 자신의 페이스북에 "김혜경 172분 vs 김건희 17분…종편 보도 왜 이럴까"라는 민주언론시민연합(민언련)의 모니터 보고서를 공유하면서 종합편성채널(종편)의 편파 보도를 강하게 비판했다. 그는 "칼 같은 잣대를 들이대면 여기 종편들은 모두 재승인 탈락 대상"이라고 했다. 그는 2월 23일 민주당 선대위 본부장단 회의에서도 "김혜경 172분, 김건희 17분의 방송"을 거론하면서 "(종편은) 정치적 중립으로 공영성을 회복할 것인가, 아니면 노골적 정치 개입으로 소멸의 길을 걸을 것인가"라고 경고했다.

종편들이 재승인에서 탈락할 정당한 이유가 있다면 탈락되어 마땅하다. 그러나 '김혜경 172분, 김건희 17분'을 대표적 사례로 들면서 그런 위협을 하는 건 곤란하다. 종편을 비판하려면 제대로 된 비판을 해야 한다. 민언련 보고서를 보면, 종편 4사가 2월 10일부터 15일까지 시사 대담 프로그램에서 김건희 의혹은 17분을 다룬 반면 김혜경 의혹은 172분을 다루는 불공정 방송을 했다는 것인데, 이 보고서는 '맥락'이 빠져 있다는 한계를 안고 있다.

옳건 그르건 종편을 포함한 모든 언론이 신봉하는 '뉴스 가치'를 감안할 필요가 있다. 언론은 '따끈따끈한' 뉴스를 좋아한다. 시사 대담 프로그램 역시 다를 게 없다. 아무리 중요한 사건이라도 시간이 흘러 묵은 이슈가 되면 소홀히 다루는 게 언론의 속성이다. 2월 10~15일이라는 기간의 특수성에 대한 해설을 곁들였어야 했다는 게 내 생각이다.

전국언론노동조합 포털사이트 뉴스 모니터링 팀이 1월 17일부터 2월 13일까지 28일간 네이버 랭킹 뉴스에서 '언론사별 많이 본 상위 5개 기사 가운데 대선 관련 기사 1,934건을 수집·분석한 결과를 보자. 기사에 등장하는 인물 분포는 윤석열(27.6퍼센트)과 이재명(24.3퍼센트)이 1~2위를 기록한 가운데 안철수(11.4퍼센트)의 비중이 김건희(10.4퍼센트)와 유사하게 나타났다. 김혜경(6.1퍼센트) 비중도 심상정(6.3퍼센트)과 유사했다. 거대 양당 대선 후보 배우자 관련 기사가 대선 후보 지지율 3위와 4위 후보만큼 등장했다는 의미다(『미디어오늘』, 2022년 2월 22일).

1월 17일부터 2월 13일까지 김건희 관련 뉴스는 부정 일변도였던 반면 김혜경 관련 뉴스는 긍정과 부정이 뒤섞여 있었다. 1월과 2월 초순은 일방적인 '김건희 사건의 시간'이었으며, 1월 28일 SBS 〈8뉴스〉 보도로 '김혜경 황제 의전' 의혹이 불거져 나오고 이게 '불법적인 권력 남용' 의혹으로 비화되면서 2월 중순은 '김혜경 사건의 시간'이 되었다. 2월 9일은 김혜경의 사과가 나온 시점이기도 했다. 김건희 사건은 오래전부터 문제가 되었기에 추가적인 내용이 나오더라도 김혜경 사건에 비해 '뉴스 신선도'가 떨어졌다. 게다가 김건희 관련 뉴스엔 원래 긍정적인 게 거의 없었던 반면 김혜경은 그간 긍정적으로 다루어져왔기에 김혜경 사건은 뜻밖의 사건으로 여겨져 뉴스 가치도 높았다.

1월 28일 이전의 일정 기간 뉴스나 시사 대담을 수집·분석해본다면, 전혀 다른 결과가 나올 것이다. 김혜경 사건이 조금 시들해지고 민주당의 총공세와 함께 김건희 주가 조작 의혹이 다시 불거진 2월 하순 이후의 시점부터 조사를 해보면 또 다른 결과가 나올 것이다. '김건희 사건의 시간' 동안 윤석열 측이 "언론 환경이 너무 적대적"이라고 주장한 게 온당치 않았듯이, "김혜경 172분, 김건희 17분의 방송"을 근거로 '종편 재승인 탈락'을 거론할 만큼 분노의 대상으로 삼아야 할 것은 아니었다. 이는 온당치 않거니와 언론 자유의 관점에서 볼 때에 위험한 것이었다.

종편에 편향성이 없다는 뜻이 아니다. 모니터 보고서도 맥락에 대한 해설이 필요하다는 뜻이다. 보고서는 JTBC의 경우 김혜경 의혹 10분(31.8퍼센트), 김건희 의혹 3분(9.7퍼센트)을 다루었다며, "다른 종편들에 비해서 차이가 덜하긴 했지만 김건희 씨 의혹보다 김혜경 씨 의혹을 다루는 데 3배 넘는 시간을 할애했고, 결과적으로 김건희 씨 의혹보다 김혜경 씨 의혹을 더 많이 다룬 다른 종편들과 유사한 흐름을 보였다"고 했다.

JTBC마저 그랬다면 달리 생각해볼 수는 없었던 걸까? 2월 초순 윤석열 측은 JTBC·한국기자협회 주최 대선 후보 TV토론을 무산시키면서 "종편 중 가장 좌편향된 JTBC"라는 이유를 들어 논란을 빚은 바 있다. 이에 JTBC는 저녁 메인 뉴스에서 지난 석 달간 이재명·윤석열 검증 보도는 각각 똑같이 70여 건으로 공정에 최선을 다했는데 "도대체 무엇이 좌편향됐다는 건지 묻지 않을 수 없다"며 강하게 항의했다.

민언련은 왜 JTBC마저 유사한 흐름을 보였는지 한번 더 생각했어야 했다. 분석 기간의 특수성을 설명하면서 '3배 차이'는 이해할 수 있지만, '10배 차이'는 지나쳤다거나 하는 식의 총체적이고 정교한 분석이 필요했다는 뜻이다. 그런 고려가 있었다면 자극적인 보고서 제목도 다시 한번 생각해보았을 것이고, 이원욱이 보고서를 접하자마자 '재승인 탈락 대상' 운운하는 말을 하지 않았을지도 모른다. 우리 모두 열을 좀 가라앉히는 게 좋겠다.(『UPI뉴스』,

2022년 2월 28일)

'알박기 인사' 논란, 지겹지도 않나?

이른바 '알박기 인사' 논란이 뜨겁다. 국민의힘은 임기가 두 달도 안 남은 문재인 정권이 공공기관·공기업 요직에 '낙하산 인사'를 계속하는 것에 대해 "꼭 필요한 인사의 경우 저희와 함께 협의해달라"고 요청했다. 이에 청와대는 "5월 9일까지는 문재인 정부 임기이고 임기 내 주어진 인사권을 행사하는 것은 당연하다"며 사실상 인사 협의를 거부했다. 이 갈등은 3월 16일 12시로 예정되었던 대통령과 당선인의 첫 회동을 4시간 전에 무산시키는 초유의 사태에 일조했다.

이 문제를 어떻게 보아야 할까? 일견 청와대의 말이 옳기는 한데, 이건 내로남불이 아닌가? 대통령 임기가 끝나는 날까지 대통령의 인사권은 신성하다는 원칙은 자신들에게만 적용되고, 보수 정권이 그렇게 하는 건 용납할 수 없다는 이중 기준 말이다.

　멀리 갈 것도 없이 박근혜 정권 시기인 2016년 12월 대통령 권한 대행 황교안이 임기 말 공공기관 인사권 행사를 하겠다고 했을 때로 돌아가보자. 당시 민주당 유력 대선 후보였던 문재인은 "임기 말 보은성 알박기 인사"라며 강하게 반발했다. 민주당은 "국회와 협의를 하라"며 반대했지만, 황교안 측은 "초법적 발상"이라고 맞섰다. 지금 주고받는 말과 너무 비슷하지 않은가?

　이 문제는 2017년 4월에도 다시 불거졌다. 민주당은 "곳곳에 '알박기'와 '나눠 먹기'가 성행해서 모럴 해저드(도덕적 해이)가 심각해졌다"(정책위 의장 윤호중), "'알박기', '쪼개기', '양다리 걸치기' 인사를 하는 것은 염치도 없고 상식도 없는"(원내부대표 문미옥)이라고 분노하지 않았던가? 이런 내로남불이 이젠 지겹지도 않나?

　내로남불은 문재인 정권의 DNA라고 체념한 지 오래인지라 놀랄 건 없다. 이런 '알박기 인사'에 관한 한 국민의 힘도 전혀 다르지 않다는 게 중요하다. 대선 후 논공행상용 고급 일자리를 확보하는 문제에선 양쪽 모두 똑같다. 그러니 대통령의 임기 말만 되면 '알박기 싸움'을 벌이는 악순환을 벌일 게 아니라 양측이 머리를 맞대고 그 어떤 합리적 원칙을 세우는 게 좋지 않을까?

박근혜 탄핵의 영향으로 대통령 취임 시기가 2월에서 5월로 바뀐 탓에 이 문제가 더 불거진 점은 있다고 하지만, 그래서 더 원칙이 필요한 게 아닌가? 양쪽 모두에게 적용되는 똑같은 원칙을 합의해서 만들면 이런 논란과 더불어 새 대통령 취임 후 전 정권에서 임명된 사람들을 쫓아내기 위해 벌여온 온갖 불법적 추태와 국력 낭비에 종지부를 찍을 수 있지 않겠느냐는 것이다.

이미 지적한 바 있지만, 서울시의 지원을 받는 TBS의 프로그램인 〈김어준의 뉴스공장〉을 둘러싼 논란도 그런 관점에서 다시 돌아볼 필요가 있다. 서울시 행정부가 민주당에서 국민의힘으로 교체되었음에도 〈김어준의 뉴스공장〉은 교체 이전과 전혀 다를 바 없는 정파적 논조를 유지해왔다. TBS는 이미 재단법인으로 독립했다는 주장을 내세우면서 그걸 정당화했는데, 이거야말로 진정한 방송 독립이라고 좋게 보아야 할까?

그런데 그렇게 보기엔 TBS의 사장 선임은 독립 이전에 이루어졌다는 점을 간과할 수 없다. 그 인사가 '알박기 인사'는 아니었지만, 서울시장 교체 후엔 사실상 '알박기'의 효과를 내고 있었다는 것이다. 다른 공영방송들도 비슷한 처지에 놓일 것이기에 나는 TBS가 바람직한 선례를 보여주길 기대했다.

TBS 경영진은 앞으로 어떻게 '정치적 중립'을 이루겠다는 청사진과 실천 의지를 밝혔어야 함에도 이에 대해선 아무런 말이 없었다. 민주당이 110석 중 99석을 차지하고 있는 서울시의회라는 '든든한 빽'을 믿은 것인지 한번 붙어보자는 식이었다. 그런 정치적 당파성 때문이었을까? 아니면 높은 청취율의 유혹을 이겨내지 못했던 걸까? 인적 교체 없이 좋은 선례를 만들어낼 수 있는 기회를 놓쳤다는 점에서 이만저만 아쉽고 안타까운 일이었다.

2022년 대선 기간 중 민주당 대선 후보 이재명은 "정치 교체와 국민 통합에 동의하는 모든 정치 세력과 연대·연합해 국민 내각으로 국민 통합 정부를 구성하겠다"며 "필요하다면 이재명 정부라는 표현도 쓰지 않겠다"고 했다. 이는 많은 사람에게서 호평을 받은 선언이었다. 새로운물결 대선 후보 김동연은 '통합 정부 구성'을 매개로 후보직을 사퇴하고 이재명 지지에 나서지 않았던가.

통합 정부 구성은 '국민의힘 포위 작전'이었다는 한계에도 '정당 순혈주의'를 넘어섰다는 의미는 있었다. 통합을 중시하는 그런 발상의 전환을 왜 선거가 끝난 후엔 외면해야 한단 말인가? 정녕 통합을 중시한다면 '알박기 논란'은 시대착오적인 게 아닌가?

나는 정치권의 합의에 의해 정권 교체와 무관하게 고위 공직자의 임기를 보장해줌으로써 폄하의 뜻을 담고 있는 '알박기'라는 비유 자체가 사라지기를 원한다. 그런 합의가 어떻게 이루어지건 여전히 중요한 건 합리적 상식과 관례다. 전 정권에서 임명된 공직자들은 정치적 성격을 갖고 있는 사안에 대해선 중립을 소중히 하면서 자제해야 한다. 한번 붙어보자는 식으로 나가는 건 곤란하다. 입장 바꿔놓고 생각해보는 역지사지易地思之가 꼭 필요하다. 그런 의미에서 '알박기 인사'의 해독제는 '역지사지'다.(『UPI뉴스』, 2022년 3월 21일)

'화염병 시대'에 갇힌 사람들

"그놈의 뼈는 도대체 얼마나 굵길래 깎아내고 또 깎아내도 부러지지 않고 여전히 그 육중한 몸뚱이를 감당해내는지 알듯 하면서도 모를 일이 아닐 수 없다."

작가 오동환이 『개나라 말 닭나라 국어』라는 책에서 한 말이다. 반성과 변화의 각오를 다질 때에 '환골탈태換骨奪胎'를 하겠다거나 '뼈를 깎는 각오'니 '뼈를 깎는 반성'을 하겠다는 등 별 생각 없이 이런 표현을 남용하는 경향에 대한 비판이다. 그런 표현을 한 번이라도 써본 적이 있는 사람들은 속으로 뜨끔할 게다.

변화, 정말 어렵다. 톨스토이는 "모든 사람이 세상을 바꿀 생각을 하지만 자신을 바꾸려고 하진 않는다"고 했는데, 진리에 가까운 명언이 아닌가 싶다. 그런데 왜 그럴까? 여러 이유가 있겠지만, 가장 중요한 이유는 '의지의 한계'가 아닌가 싶다. 변하겠다는 의지가 약하다는 뜻이 아니라, 의지만으론 바꿀 수 없는 게 너무 많다는 뜻이다.

대표적인 게 습관이다. 굳은 의지로 습관을 바꿀 수

도 있겠지만, 습관 바꾸기가 실패했다고 해서 자신의 의지가 박약하다고 자책할 필요는 없다. 오죽하면 "습관은 철사를 꼬아 만든 쇠줄과 같다. 매일 가느다란 철사를 엮다 보면 이내 끊을 수 없는 쇠줄이 된다"(호러스 만)거나, "우리 삶이 일정한 형태를 띠는 한 우리 삶은 습관 덩어리일 뿐이다"(윌리엄 제임스)는 말까지 나왔겠는가.

개인의 습관보다 더욱 문제가 되는 건 공적 영역에서 나타나는 집단적 습관이다. 4년 전에 이런 일이 있었다. 한 대형 은행이 '디지털 대전환'을 선언하면서 "디지털은 4차 산업혁명의 새 물결이며, 변화는 선택이 아닌 숙명"이라고 외치는 선포식을 가졌다. 여기까진 아주 좋았는데, 문제는 그 선포식의 모습이 디지털 전환에 역행하는 것이었다는 점이다.

슬로건을 적은 대형 현수막 아래 은행장을 중심으로 임직원 수백 명이 군인들처럼 칼 같이 열 맞춰 서서 주먹을 불끈 쥐고 팔을 뻗고 있는 사진이 한 외국 기자의 시선을 사로잡았다. 그는 트위터에 이 사진을 리트윗하며 이런 소감을 남겼다. "한국에서 가장 큰 은행이 디지털 대전환을 호소하는데, 정작 행사는 석기시대에 온 느낌이다."

SBS 기자 4명이 최근 출간한 『기자들, 유튜브에 뛰어들다: 지상파 기자들의 뉴미디어 생존기』라는 책에 나오는 이야기다. 이런 이야기도 나온다. 2년 전 '디지털 퍼스트'를 외친 국내 언론사들이 유튜브 콘텐츠 인력 채용 공고를 냈는데, 32곳 중 31곳이 비정규직 인력을 찾았다고 한다. 성과에 따라 정규직 전환을 검토하겠다니, 왜 다른 정규직 직원들에겐 하지 않았던 걸 생사의 문제가 달렸다는 '디지털 퍼스트'엔 적용할 생각을 했던 걸까? 남들이 다 외쳐대니 따라서 한 것일 뿐, '디지털 퍼스트'의 개념조차 이해하지 못했던 건 아닐까?

나는 이 책을 읽으면서 이게 은행이나 언론사에 국한된 이야기가 아니라는 생각이 들었다. 사회 전 분야가 추진하거나 따를 수밖에 없는 디지털 혁명의 정신은 '상하좌우上下左右 구분이 없는 균형과 통합에 의한 혁신'(카이스트 교수 김정호)일진대, 상하좌우를 엄격하게 구분하는 의식을 그대로 두거나 오히려 강화하면서 혁신을 외치는 이가 너무 많기 때문이다.

정치야말로 변화를 추구하겠다고 외치면서도 구태의
연한 의식과 습관만큼은 한사코 고수하는 분야가 아닐까?
2022년 대선에서 패배한 민주당 내부에서 나오는 원인 진
단의 대립 구도를 보면서 집단적 습관의 무서움을 새삼 절
감하게 된다. 그간 민주당이 저질러온 독선과 오만과 무능
의 문제를 지적하는 의견이 있는가 하면, '개혁'을 힘으로
더 강하게 밀어붙이지 못한 걸 탓하는 의견도 있다. 전자의
의견이 다수인 것처럼 보이기는 하나, 확신과 열정은 후자
의 의견이 더 강하다. 심지어 전자의 의견을 '배신'이라고
욕하는 사람들마저 있으니, 어이가 없다 못해 세상이 참 재
미있다는 생각이 든다.

"민주화 운동 세대는 경찰서를 점거하고, 보도블록을
깨고, 화염병을 던지며 군부독재에 맞섰다. 그 돌과 화염병
은 낡은 시대를 보내는 굉음이자 새 시대의 신호였다."『경
향신문』 정치부장 구혜영이 2년 전 「박원순과 '나의 시대'
를 보낸다」는 칼럼에서 한 말이다. 새 시대는 열렸고, 이제
우리는 그 새 시대마저 낡았다며 더 새로운 시대의 문법을
찾기 위해 애쓰고 있다.

하지만 화염병의 기억은 강렬하다. 1980년대를 살면서 화염병을 지지했거나 체험했던 민주화 세대 중엔 여전히 그 기억의 연장선상에서 오늘의 정치를 이해하고 실천하는 이가 많다. 화염병까지 던져야 했을 정도로 용납할 수 없었던 세력의 족보를 따지면서 특정 정당을 관용하지 않는 게 곧 정의라고 굳게 믿는다. 그들이 외치는 개혁의 대의와 명분은 때론 선진적이거니와 아름답기까지 하지만, 그 실천 방법론은 '화염병 시대'에 갇혀 있다.

대선 후 윤석열과 국민의힘을 '독재 세력'으로 부르면서 "이제 다시 87년처럼 화염병과 보도블록을 깨야만 할 시간이 다가오고 있다"는 어느 댓글을 읽으면서 웃음을 터뜨리고 말았다. 아, 웃으면 안 되는데! '화염병 시대'에 갇혀 있는 사람들은 1980년대의 세상을 치열하게 살았다는 걸 의미할 수 있는 것이기에 숙연해지는 게 도리가 아닌가?

그럼에도 몸은 2022년을 살고 있으면서도 의식은 1980년대의 세상에 머무르고 있다는 게 안타깝다는 생각이 드는 걸 어이하랴. 슬픈 웃음이었다는 걸 이해해주시기 바란다. 생각해보시라. 우리는 1970년대와 1980년대에 걸쳐 일부 선량한 시민들마저 걸핏하면 '빨갱이 타령'을 하는 걸 보지 않았던가? 그들은 정권 차원의 매카시즘에 놀아난 게 아니다. 6·25전쟁의 트라우마 때문이었다. 그들의 '빨갱이 타령'에 동의할 수 없었다면, 수십 년째 지속되고 있는 '독재 트라우마'에 대해서도 다시 생각해보는 게 공정하지 않을까?

2년 전 영화 〈기생충〉이 아카데미 시상식에서 4관왕을 휩쓸자 어느 영국 언론은 "봉준호, 화염병 던지던 학생이 할리우드 스타가 됐다"고 했다. 그렇게 발전해 나가면 안 될까? 변화의 최대 동력은 위기감인데, 위기를 기존 트라우마를 강화하는 데에 써먹어도 괜찮은 걸까? 민주당이 알아서 할 일이긴 하지만, 어느 은행과 일부 언론사들이 저지른 과오를 반복하지 않기를 바랄 뿐이다.(『무등일보』·『영남일보』·『중부일보』·『충청투데이』, 2022년 3월 22일 공동 게재)

민주주의 갉아먹는 '선악 이분법'

"조직에서 나오기 전에는 매일 아침 눈을 뜰 때마다 누가 나쁜 놈인지 알았다. 지금은 그런 확실함이 사라졌다. 그래서 적지 않은 사람들이 우울증을 앓는다."

청소년 시절 6년 동안 네오나치 집단에서 활동했던 바이스게르버라는 독일인이 어느 인터뷰에서 한 말이다. 스물한 살에 그곳에서 빠져나온 그는 이후 교육과 강연을 통해 극우주의의 위험성을 알리는 데 힘쓰고 있다고 한다.

오스트리아 사회학자 라우라 비스뵈크의 『내 안의 차별주의자』라는 책을 읽다가 이 대목에서 슬그머니 미소를 짓지 않을 수 없었다. 이 세상을 선악 이분법으로 보면서 살아가는 사람들이 느끼는 행복감을 실감나게 표현해 준 말이라는 생각이 들었기 때문이다. 확실함이 사라지는 바람에 우울증을 앓는 사람들도 있다니, 어찌 웃지 않을 수 있겠는가?

선악 이분법을 사랑하는 사람들이 자신을 악惡으로 여기는 법은 없다. 자신을 선善으로 간주하기에 선악 이분법을 쓰는 것이다. 이런 독선적 이분법은 행복감을 고취시킨다. 비스뵈크의 표현을 빌리자면, 이런 이유 때문이다. "타인에게서 악을 보면 흑백 논리에 따라 자신의 세상은 자동적으로 선이 된다. 부정적 적개심이 긍정적 자아상을 불러낸다."

불확실성을 싫어하는 성향도 선악 이분법을 키우는 토양이 된다. 불확실성은 세상의 복잡성 때문에 불가피한 것임에도 우리는 그걸 피해갈 수 있는 것처럼 착각한다. 이와 관련, 비스뵈크는 "복잡한 것은 무섭고 골치 아픈 것이다. 많은 사람들이 어릴 적부터 흑백논리와 함께 자란다"며 다음과 같이 말한다.

"그렇게 되면 사람들은 좋거나 나쁘고, 나를 사랑하거나 증오한다. 타인을 희생양으로 삼아 죄를 뒤집어씌우면 질서와 통제의 기분이 든다. 안전과 명료함의 욕망은 너무도 커서 아무 정보도 없는 것보다는 거짓 정보라도 듣는 편이 더 안심이 된다. 그럼 그 사건을 정리·정돈할 수 있으니 무력감에서 벗어날 수가 있다."

이거 참 문제가 심각하다. 선악 이분법은 사회 전체

차원에선 증오와 대립을 부추기는 해악임에도 개인 차원에선 육체적·정신적인 건강 요법이 될 수도 있다니 말이다. 혹 주변에서 정치 이야기만 나오면 특정 정치인과 세력을 악의 화신이나 되는 것처럼 비난하는 사람을 본 적이 없는가? 그 사람의 확신에 찬 표정과 어조에서 그 어떤 행복감이 느껴지지 않던가? 물론 동시에 징그럽다는 생각이 들기도 하지만 말이다.

나는 평소 "이 세상을 4·6제나 3·7제로 보자"는 말을 자주 한다. 정치사회적 논의나 논쟁에서 "나는 10, 너는 0"이라는 선악 이분법을 넘어서 "나의 옳음은 6이나 7"이라는 자세를 갖자는 뜻이다. 상대방에게도 "4나 3의 옳음"을 인정해주어야 소통이나 타협이 가능하지 않겠느냐는 것이다. 하지만 이런 제안은 무력하다. 화끈한 박력을 과시할 수 있는 선악 이분법의 건강 요법 기능 때문이기도 하다.

누구나 인정하겠지만, 이 세상은 '확실하게 좋은 사람'과 '확실하게 나쁜 사람'으로 나뉘어져 있지는 않다. 그런 구분은 픽션의 세계에서나 가능할 뿐, 현실 세계에선 흔히 하는 말로 '거기서 거기'라고 보는 게 대체적으로 옳다.

하지만 우리는 공정한 평론가의 자세로 세상을 살아가는 건 아니며, 그렇게 살아가는 게 성공이나 행복에 유리한 것도 아니다.

적어도 사적 영역에선 편파성은 미덕이다. 나의 가족과 친구에게 편파적 애정을 보이지 않는다면 그 관계가 유지될 수 있겠는가? 혈연·지연·학연 등을 중시하는 연고주의가 비판을 받는 건 그것이 공적 영역에서 발휘되는 경우에만 국한될 뿐, 사적 영역에서 연고주의는 행복의 근원이 되기도 한다.

그런데 공사 영역의 구분은 이론으로만 엄격하게 존재할 뿐 그 경계는 늘 모호하고 자주 실종된다. 우리가 가끔 정치를 가리켜 냉소적으로 '밥그릇 싸움'이라고 부르는 건 정치인이나 정치 참여자들이 공公을 빙자해 사적 이익을 추구하는 게 너무도 익숙하고 흔한 풍경이 되었기 때문이 아닌가?

선악 이분법이 없는 나라는 없지만, 한국은 부족주의와 도덕주의가 강해 이념의 좌우를 막론하고 그게 비교적 강하게 나타나는 편이다. 앞으로도 선악 이분법이 기승을 부리는 걸 막아내긴 어렵겠지만, 그래도 이해는 제대로 하면서 살아가자. 그건 물질적인 것에서부터 심리적 만족감에 이르기까지 다양한 이익을 꾀하는 개인이나 집단이 구사하는 정치 마케팅의 건강 요법 상술일 뿐이다. 민주주의를 희생으로 하는 것이며, 우리가 실제로 살아가는 세상과도 거리가 멀다.

한국인의 건강 염려증이 세계 최고 수준이라는 것도 감안하는 게 좋겠다. 한국의 기대수명은 일본 다음으로 길고, 질병 사망률과 비만 인구도 경제협력개발기구OECD 평균보다 훨씬 낮지만, 정작 자기가 건강하다고 생각하는 사람은 OECD에서 가장 적은, 3명에 1명꼴이다. 오죽하면 영국 『파이낸셜타임스』가 한국인의 장수 비결은 김치와 건강 염려증이라고 비꼬았겠는가? 우리의 건강 염려증이 지나치듯, '선악 이분법'이라는 건강 요법도 지나친 건 아닌지 돌아볼 필요가 있겠다.(『UPI뉴스』, 2022년 5월 9일)

'외로운 정치인'을 보고 싶다

2018년 1월 영국에 외로움 문제를 담당하는 장관이 생겼다. 이는 외로움으로 인한 고통을 겪는 사람이 인구 6,600만 중 900만 명에 달한다는 보고서가 나온 직후에 취해진 조치였다. 2021년 2월 일본 정부는 영국을 벤치마킹해 내각 관방에 '고독·고립대책담당실'을 설치하고 이 업무를 지방창생 담당상에게 맡겼다. 세계 두 번째 외로움 담당 장관인 셈이다.

이게 어디 영국과 일본만의 문제겠는가? 한국의 외로움 문제도 이미 심각한 수준이다. 서울시복지재단의 2018년 10월 조사에 따르면, 서울 시민 중 '극도로 고립된 삶을 살고 있다'고 느끼는 사람이 전체의 28.8퍼센트, '극심한 외로움을 겪고 있다'고 응답한 사람은 21.1퍼센트였다. 행정안전부 통계에 따르면, 주민등록상 1인 가구는 2021년 9월 말 기준 936만 7,439가구로 전체 가구의 40.1퍼센트를 차지함으로써 사상 처음 40퍼센트를 넘어섰다. 이는 앞으로 외로움 문제가 더욱 심각한 사회적 문제로 대두될 가능성을 말해준 걸로 보는 게 옳으리라.

외로움은 정치적 문제이기도 하다. 미국 정치철학자 해나 아렌트는 70여 년 전에 출간한 『전체주의의 기원』에서 "전체주의는 외로움을 기반으로 삼는다"며 "사회에 자기 자리가 없다고 느끼는 사람들은 이데올로기에 개인적 자아를 투항함으로써 목적의식과 자긍심을 되찾으려 한다"고 주장했다. 이 주장의 연장선상에서 오늘날엔 포퓰리즘은 외로움을 먹고산다고 주장하는 이가 많다. 예컨대, 영국 경제학자 노리나 허츠는 『고립의 시대: 초연결 시대에 격리된 우리들』이란 책에서 다음과 같이 주장한다.

"우리는 사회적으로 덜 연결되어 있을수록 고립되어 있다고 느끼고, 차이를 적절히 조율하고 서로를 시민답게 협력적으로 대하는 연습이 부족해지며, 동료 시민을 좀처럼 신뢰하지 못하고, 그 결과 포퓰리스트가 제시하는 배타적이고 분열적인 형태의 공동체에 매력을 느낀다.……외로운 사람은 이웃을 적대적이고 위협적으로 인식하는 경향이 있다."

무슨 말인지 이해는 하겠지만, 외로운 사람을 너무

부정적으로만 보았다는 점에서 전적으로 동의하긴 어려운 주장이다. 아렌트와 허즈는 진실의 절반만 말한 게 아닌가 싶다. 외로움 때문에 전체주의나 포퓰리즘에 투항할 가능성이 높아진다고 하더라도 외로움이 미친 영향은 거기까지일 뿐 이후 벌어지는 문제나 비극의 원인은 외로움과는 정반대인 집단적 의식이나 감정이라는 점에서 말이다. 집단의 속성에 관한 다음 명언들을 감상해보면 더욱 그런 생각이 들 것이다.

"집단에는 나를 잊고 거대한 무엇에 빠져들게 하는 능력이 있다."(조너선 하이트) "집단 속에서는 자의식이 약화되고 평소의 개인적 신념과 모순되는 행동을 저지르기가 한결 수월해진다."(로랑 베그) "어떤 사람이든 혼자 있을 때 보면 상당히 현명하고 통찰력이 있지만, 집단 속에 들어가면 당장 바보가 되어버린다."(프리드리히 실러) "인간은 집단 안에 있을 때는 정신이 이상해지는 것으로 보인다. 인간은 오직 천천히, 그리고 한 명씩 한 명씩 이성을 되찾을 수 있다."(찰스 매카이) "집단은 곧장 극단으로 치닫는다. 의심이 표현된다 해도 그것은 곧장 명백한 확신으로 바뀌고,

약간의 반감도 격렬한 증오로 바뀐다."(귀스타브 르 봉)

이 명언들을 하나씩 음미하면서 우리가 정작 주목해야 할 것은 외로움 그 자체가 아니라 외로움과 계급적 지위의 반비례 관계로 인한 '외로움 격차'가 아닐까 싶다. 즉, 외로움으로 고통받는 사람은 대부분 중하층 계급에 속하지만, 상층 계급은 정반대로 그 계급 내에서 사교·연결·연대로 외로움을 느껴볼 기회조차 없는 삶을 살고 있다는 것이다.

이런 '외로움 격차'가 초래하는 결과는 무엇인가? 나는 부동산 문제에서부터 검찰 문제에 이르기까지 문재인 정권에서 이루어진 주요 국가적 결정들을 보면서 한국 정치의 비극은 '외로운 정치인'의 부재라는 생각을 했다. 프랑스의 샹송 가수 조르주 브라상은 "인간은 여럿이 모여봐야 좋을 것이 없다. 인간은 4명 이상만 돼도 멍청해진다"고 했는데, 바로 그런 멍청함이 집단의 힘이 아니었겠느냐는 것이다.

2022년 4월 30일 국회 본회의에서 이른바 '검수완박'을 위한 두 법안 중 하나인 검찰청법 개정안이 민주당

의원 중 표결에 참석한 161명 전원이 찬성표를 던진 가운데 통과되었다. 이에 대해 민주당이 "북한 노동당 닮은 조직이 돼버린 것"이라는 말도 나왔지만, 이 논평에 동의할 필요는 없다.

내가 말하고자 하는 건 그 뜨거운 논란의 한복판에 있던 법안에 대해 '100퍼센트 찬성'이 나오게 만든 가장 큰 이유는 개인의 외로움과는 무관한 집단의 '책임감 분산'이었다는 점이다. 두고두고 자기 홀로 책임져야 할 일이라면 그렇게 쉽게 찬성표를 던지진 못했을 것이다. 그런 의미에서 문제는 외로움이 아니라 외로움의 결여다.

나는 한국 정치의 비극이 홀로 판단하고 책임져야 하는 '외로운 정치인'이 너무 없다는 데에 있다고 생각한다. 금태섭과 같은 정치인이 극소수 있긴 하지만, 전반적으로 보아서 '부재'라고 해도 좋을 정도로 희소하다. 패거리 부족주의에서 자유로운 '외로운 정치인'을 좀더 많이 보고 싶다.(『UPI뉴스』, 2022년 5월 16일)

'도덕적 우월감'의 저주, 민주당 성폭력

불과 7년 전인 2015년까지만 해도 국민의힘의 전신인 새누리당은 '성누리당'으로 불렸을 정도로 성추문이 끊이지 않는 정당이었다. 그런데 이젠 민주당이 '더듬어만지당'이란 별명을 얻었을 정도로 처지가 바뀌었으니, 이게 웬일인가?

5월 12일 민주당은 3선 중진 의원인 박완주의 "성비위가 확인돼 제명 처분했다"면서 피해자와 국민께 사죄한다고 고개를 숙였다. 이에 『한겨레』는 사설을 통해 "민주당은 박 의원 말고도 이른바 '짤짤이' 발언으로 성희롱 의혹을 받고 있는 최강욱 의원, 김원이 의원실 보좌진의 성폭력 관련 2차 가해 사건 등도 조사 중이라고 한다"며 "이런 상황은 민주당의 성폭력 근절 의지가 여전히 부족한 탓이라고 볼 수밖에 없다"고 했다.

과거야 어찌 되었건, 왜 보수적인 국민의힘보다는 진보적인 민주당에서 이런 사건이 더 많이 일어나는 걸까? 민주당의 성폭력 근절 의지가 여전히 부족하다면, 과연 그 이유는 무엇일까? 국민의힘 공동선대위원장 김기현은 민주당을 향해 "박원순·오거돈·안희정을 관통하는 '성범죄 DNA'가 더욱 기승을 부리고 있다"며 "성범죄 전문당이라 해도 과언이 아니다"고 비판했는데, 과연 그런 건가?

'성범죄 DNA'나 '성범죄 전문당'이 따로 있을 리는 만무하다. 어느 정당을 막론하고 권력의 자기도취 효과가 만들어낸 비극으로 보는 게 옳으리라. 다만 민주당엔 '도덕적 우월감'도 영향을 미쳤을 것이라는 가설을 검토해볼 필요가 있겠다.

도덕적 우월감은 진보좌파의 고질적인 병폐라는 의견은 이미 오래전부터 많은 전문가에 의해 제기되어왔다. 오랜 세월 진보 정당 활동을 해온 주대환은 『한국 사회와 좌파의 재정립』(2008)이란 책에서 "좌파는 아무런 쓸모도 없는 도덕적 우월감을 내버려야 한다"며 다음과 같이 말했다.

"항일 독립운동의 흐름을 이어받고 민주화 운동을 주도했다는 자부심과 '조국과 민족, 나라와 공동체를 위해 자기를 희생했다'는 생각을 멀리 내던져버려야 한다. 그동안 좌파는 친일하지 않았고 독재에 부역하지 않았다는 도덕적 우월감으로 살아왔다. 그런데 이제 그 도덕적 우월감은 종종 무능이나 나태, 무지를 감추고자 앞세우는 핑계가 되고 있다."

문재인 청와대의 정무수석 비서관이었던 이철희는 정치평론가 시절에 쓴 『이철희의 정치썰전』(2015)에서 "진보가 보여주는 꼴불견 중에 하나가 도덕적 우월 의식이다"며 이렇게 말했다. "도덕적 우월 의식은 윤리적으로 볼 때 진보는 선the good이고, 보수는 악the bad이라는 생각이다. 이는 진영 논리, 이분법의 표현이자 무능의 발로다. 무능한 사람일수록 편을 따지고, 실력이 없을수록 진영에 매달리기 마련이다. 선한 편과 나쁜 편으로 나누어서 생각하면 선하다는 이유만으로도 얼마든지 버틸 수 있다. 굳이 실력을 키우려고 노력하지 않아도 된다. 상대를 열심히 비판하고, 부정하면 그것으로 족하다."

그렇다면 성범죄는 도대체 그런 도덕적 우월감과 무슨 관계가 있단 말인가? 이른바 '도덕적 면허 효과moral licensing effect'라는 이론으로 설명이 가능하지 않을까 싶다. 이 이론의 핵심은 사람이 선행이나 도덕적 행동을 하면, 도덕성에 대한 자기이미지self-image가 강해지는데, 이런 긍정적 자기이미지는 자기 정당화의 방편으로 사용될 수 있다는 것이다. 즉, 이미 착한 일을 많이 했기 때문에, 이 정도 나쁜 일은 해도 괜찮다고 생각하는 심리를 갖게 된다는 이야기다. 그런 심리 상태에 빠진 사람에게 권력이 있을 때 성범죄로 나아가게 될 가능성이 비교적 높아질 것이라고 볼 수 있지 않겠느냐는 것이다.

직장 상사의 '갑질'도 '도덕적 면허'로 설명할 수 있다는 걸 감안할 필요가 있겠다. 미국 미시간주립대학 교수 러셀 존슨은 판매업과 제조업, 복지·교육 관련 기업의 관리자들을 관찰 추적해 상사들이 갑질하는 이유를 분석했다. 놀랍게도 갑질하는 상사들은 대부분 '윤리적'이라는 특징이 있었으며, 이들은 그동안의 선한 행위를 통해 도덕성에 대한 자기이미지가 강해져 부하 직원들에게 갑질을 하는 걸 당연하게 여긴 것으로 나타났다.

영국 철학자 윌리엄 맥어스킬은 "도덕적 면허 효과는 사람들이 실제로 착한 일을 하는 것보다 착해 보이는 것, 착한 행동을 했다고 인식하는 것을 더 중요하게 여긴다는 점을 보여준다"고 말한다. 씁쓸한 느낌을 주는 말이긴 하지만, 우리가 도덕적 우월감을 좀더 심각하게, 아니 두렵게 생각해야 할 필요성에 대한 제안으로 이해하는 게 좋겠다.

'도덕적 우월감'을 갖는 사람들은 부도덕해지기 쉽다는 걸 말해주는 수많은 연구 결과가 나와 있으니, 이를 '도덕적 우월감의 저주'라고 해도 무방할 것이다. 이 저주를 어떻게 넘어설 것인가? '도덕적 우월감'을 완전히 없애는 건 불가능할망정 그걸 약하게 하는 건 어느 정도 가능할 것이다. 민주당으로선 성범죄의 가능성을 낮추기 위해 그런 시도를 병행하는 발상의 전환이 필요한 게 아닐까?(『UPI뉴스』, 2022년 5월 23일)

민주당의 '룰 전쟁', 1년 전을 생각하라

민주당에선 8월 전당대회를 앞두고 치열한 '룰 전쟁'이 벌어지고 있다. 민주당 당헌·당규는 대의원 45퍼센트, 권리당원 40퍼센트, 일반 국민 여론조사 10퍼센트, 일반당원 5퍼센트 비율로 당대표를 선출하도록 규정하고 있다. 그런데 친이재명계(친명계) 의원들은 권리당원 권한 확대를 내세우면서 대의원 20퍼센트, 권리당원 45퍼센트, 일반 국민 30퍼센트, 일반당원 5퍼센트로 조정하고, 지난 3월 대선 이후 입당한 '3개월 권리당원(현행 규정은 6개월)'에게도 투표권을 주자고 주장한다.

그렇게 바꿔야 할 이유 또는 명분은 무엇인가? 친명계 의원 김남국은 "국회의원이 임명하는 대의원 한 표의 가치가 얼마 전까지 권리당원 40~50표 정도 됐다가, 지금은 권리당원이 늘어나서 1 대 80 정도 비율로 달라졌다"며 "국회의원들이 손쉬운 계파 정치를 할 수 있는 구조"라고 했다. 또다른 친명계 의원 안민석도 "민주당에 가장 필요한 쇄신은 대의원 특권 폐지"라며 "이 특권이 유지되는 한 계파 정치 종식은 불가능하다"고 주장했다.

반면 비명계(비이재명계) 의원들은 권리당원 투표 비중 확대가 민심과 당심의 괴리를 키울 수 있다고 반대한다. 조응천은 "지금도 충분히 짠데 거기다 소금을 더 넣으라고 하면 누가 마시겠나"라고 비유했다. 그는 "자유한국당, 미래통합당, 새누리당의 폭망 사례를 보면 2016년 총선에서

지고 난 다음 이정현, 홍준표, 황교안까지 대표 세 명이 와서 점점 커지는 태극기 부대 목소리를 제어하지 못하고 지방선거, 대선에서 계속 졌지 않았나"라며 "결국 (국민의힘은 당대표 선거에서) 국민 여론조사 비중을 50%까지 올렸다"고 말했다.

친명계 의원들은 '계파 정치 종식'을 내세우긴 하지만, 그것보다는 이재명에게 유리한지 불리한지가 핵심 고려 사항이 아닌가 싶다. 현역 의원과 지역위원장이 임명하는 대의원은 대체로 친문계(친문재인계) 비중이 높기 때문에 대의원 비중을 낮추자는 것일 테고, '3개월 권리당원'에게도 투표권을 주자는 것은 대선 이후 대거 입당한 '개딸'들이 투표에 나서면 이재명에게 압도적 표가 갈 수 있다는 계산을 하는 게 아니냐는 것이다.

이 문제를 어떻게 보아야 할까? 이 질문을 던지면서 슬그머니 웃음이 나온다. 실소失笑다. 1년 전 민주당의 대선 경선 일정을 둘러싸고 친명파(친이재명파)와 친문파(친문재인파) 사이에서 벌어진 갈등이 생각나기 때문이다. 당시엔 친문파가 예정에 없던 4월 재보궐선거에 코로나19

사태까지 겹친 점을 이유로 들면서 경선을 두 달 정도 연기할 것을 주장하고 나섰다. 친문파가 "연기할지 말지 전 당원 투표로 결정하자"고 하자, 친명파는 "유불리에 따라 전략적으로 경선 일정을 흔드는 순간 내전內戰"이라며 크게 반발했다.

당시 나는 친문파와 친명파 중 어느 쪽 편도 들지 않는 중립자였지만, 경선 일정 문제에 대해선 나름의 확고한 생각을 갖고 있었다. 친명파의 주장이 옳다는 쪽이었다. 나는 그 이유를 「당신들의 말을 믿어도 될까요?」라는 칼럼을 통해 밝혔다. 나는 이 칼럼에서 "일반적으로 규칙이나 약속이란 건 바꾸는 게 좋을 법한 상황에 자주 직면하기 마련이지만, 우리는 자신에 대한 신뢰도를 고려해 다소 무리를 하더라도 규칙이나 약속을 지킬 때가 많다"며 다음과 같이 말했다.

"어떤 게 더 나은 건지 단언할 수는 없지만, 대외 신뢰도가 중요한 집단이라면 규칙이나 약속을 바꾸는 걸 매우 신중하게 생각해야 한다. 특히 어떤 사안이 임박한 시점에서 곧장 적용할 수 있는 규칙이나 약속 변경은 더욱 그렇다. 변경 제안자의 수혜 가능성을 원천적으로 차단하는 '개정의 효력 제한 원칙'이 광범위하게 통용되고 있는 것도 바로 그런 이유 때문이 아닌가. 특히 잦은 규칙·약속 변경의 전과가 있는 집단이라면 더욱 그렇다. 유감스럽게도 민주당은 그런 전과가 많은 집단이다.……문재인 정권의 모든 구성원이 신뢰 문제에 위기의식을 갖고 각별한 관심을 기울이면 좋겠다."

불행 중 다행히도 당시 민주당은 큰 갈등 없이 친명파의 주장이 관철된 가운데 대선 후보로 이재명을 선출할 수 있었다. 이게 1년 전 이야긴데, 이번엔 양쪽이 정반대의 입장이 되어 다시 갈등을 빚고 있으니 이상하다 못해 어이가 없다는 생각마저 든다. 물론 나는 이번엔 친명파의 주장에 단호히 반대한다. 내가 달라진 건가? 아니다. 나는 달라지지 않았다. 달라진 건 친명파다.

원래 정해진 규칙을 갑작스럽게 바꾸려는 것에 대해 '내전' 운운하며 격렬하게 반발했던 사람들이 어쩌자고 불과 1년 만에 이렇게 180도 달라질 수 있단 말인가? 나는 이게 민주당의 고질병인 내로남불과 무관치 않은 현상이라는 점에서 매우 심각하게 고민해보아야 할 문제라고 생각한다. 너무 눈앞의 단기적 이익에 매몰되는 과도한 '현재주의'의 함정에 빠져 있는 건 아닌지 스스로 점검해볼 필요가 있겠다. 부디 소탐대실小貪大失하지 않는 의연함으로 국민적 신뢰를 축적해가기를 바란다.(『UPI뉴스』, 2022년 6월 13일)

'조중동 프레임'? 이제 제발 그만!

① "문재인 정부 부동산 가격 폭등은 조중동의 프레임이다."(2021년 4월 3일)

② "재보궐선거 패배 이틀 이후 여당 초선 의원들이 '반성문'을 발표했는데 지지층의 거센 반발을 부르고 있다. 지지층이 얘기하는 것은 듣지 않고, 조중동 프레임에 그대로 말려들고 있어서다."(2021년 4월 10일)

③ "(조중동에서 떠드는 것과) 반대로 해야 하는 것이다. 『조선일보』에서 하지 말라는 거면 해야 하는 거고, 하라고

하면 안 하면 되는 것이라는 쉬운 기준이 있다. 『조선일보』에서 비판하면 '우리가 일 잘하고 있구나' 칭찬하면 '문제가 있구나'(라고 생각해야 한다)."(2022년 4월 1일)

④ "자신의 철학과 소신을 치고 나가야 되는 거다. 또 여기에서 조중동 프레임에 걸려서 눈치 보고 중도층 운운하면서 폼 나는 정당, 우아한 정당, 웰빙 정당으로 갈 거냐. 그래서 망한 거 아니냐."(2022년 6월 10일)

⑤ "여야 일부 국회의원들이 수구 언론의 작전대로 강경파 운운하며 '처럼회 해체'를 거론한다.⋯⋯앞으로 수구 언론과 여기에 부화뇌동하는 일부 국회의원들의 발언을 잘 살펴야 한다."(2022년 6월 15일) "수구 언론이 (만든) 프레임과 이간질에 놀아나지 말자."(앞의 주장에 대한 지지 댓글)

이상의 5가지 사례는 민주당 진영에서 나온 '조중동 프레임'의 대표적인 용례다. 개인을 비판하려는 게 목적은 아닌지라 발언자의 이름은 밝히지 않았지만, 이름만 대면 누구나 알 수 있는 유명한 분들이다. 프레임에 대해 다시 한번 생각해보자는 간곡한 호소를 하기 위해 인용한 것임을 너그럽게 이해해주시기 바란다.

프레임은 아주 유익한 개념이긴 한데, 한국에선 오·
남용이 워낙 심해 집단적 성찰을 방해하는 대표적인 언어
로 전락하고 말았다. 프레임 개념의 국내 유행에 결정적 기
여를 한『코끼리는 생각하지 마: 미국 진보 세력은 왜 선거
에서 패배하는가』(2004)의 저자인 미국 언어학자 조지 레
이코프가 원망스러울 정도다. 레이코프가 진보주의자라서
그런지는 몰라도 한국에서 프레임이라는 단어를 압도적으
로 많이 쓰는 쪽은 진보니 말이다.

레이코프는『도덕의 정치』에서 "다른 많은 진보주의
자들처럼 나도 한때는 보수주의자들을 천박하고, 감정이
메마르거나 이기적이며, 부유한 사람들의 도구이거나, 혹
은 철저한 파시스트들일 뿐이라고 얕잡아 생각했었다"고
밝히면서 자신의 그런 생각이 얼마나 어리석었는지에 대
해 말하고 있다. 사실 한국의 진보에 가장 필요한 건 이런
종류의 성찰이다. 즉, 보수주의자들을 경멸하고 혐오만 할
것이 아니라 그들을 이해하고 더 나아가 존중해야 한다는
것이다. 그들이 예뻐서가 아니다. 민심의 바다에서 이기기

위해서다.

그런데 어찌된 게 민주당과 지지자들은 레이코프의 그런 고언은 싹 무시하고 '보수 폄하'와 '보수 모욕'으로 자신들의 진보성을 과시하려는 이상한 병에 걸려 있다. 자신들의 문제를 지적하면 이구동성으로 내놓는 모범답안이 바로 '조중동 프레임'이란 말이다. 그 한마디면 끝이다. 조중동의 주장과는 반대로 가는 것이 진보와 개혁의 본질이라도 되는 양 여기는 '조중동 숭배증'에 빠져 있다.

'조중동 숭배증'의 죄악은 생각하기를 싫어하는 게으름, 죽어도 자신들의 과오를 인정하지 않으려는 오만, 같은 진영 내의 경쟁자를 악마화 수법으로 손쉽게 제압하려는 탐욕, 자신이 비이성적으로 보여도 전혀 개의치 않는 무감각에 있다.

누가 더 조중동을 악마화하느냐에 따라 자신의 진보성을 더 찬란하게 과시할 수 있다고 믿으며, 실제로 그런 믿음이 통하는 민주당의 풍토는 정치를 '강성 팬덤 동원의 기술'로 전락시킨다. 강성 지지자들 위주로 단기적인 승리를 누리려는 의원들이 득세하는 정당은 멸망의 길로 갈 수

밖에 없다. 대선·지방선거 패배라는 멸망의 전조를 보고
서도 여전히 '조중동 프레임' 탓만 하면 어쩌자는 건가?

강성 지지자들은 진보 언론마저 사실상 장악해 다른
목소리를 내는 걸 어렵게 만들었다. 그래서 무엇을 얻었는
가? 민주당 스스로 사과했던 주요 문제들에 대해 지난 5년
간 누가 더 많은 비판을 했는가? 조중동인가, 진보 언론인
가? 조중동이었다! 자본주의 시장의 메커니즘을 깔보면
안 된다. 조중동은 바보가 아니다. 정략적으로 민주당을 공
격할 때에도 중도층 독자를 염두에 둔 비판을 한다. 비판의
동기와 방식은 불쾌할망정 귀담아들을 게 있다는 뜻이다.
이 주장도 '조중동 프레임'에 놀아난 것인가? "이제 제발
그만!"이라고 외치고 싶다.(『한겨레』, 2022년 6월 20일)

'정치 팬덤'은 '손흥민 팬덤'과는 다르다

"우리 편의 큰 잘못은 감싸고 상대편의 작은 잘못은 비난
하는 잘못된 정치 문화 바꾸겠다. 민주당을 팬덤 정당이 아

니라 대중정당으로 만들겠다." 6 · 1 지방선거를 일주일 앞
둔 5월 24일 민주당 공동비상대책위원장 박지현이 긴급
기자회견에서 민주당 지지를 호소하며 한 말이다. 선거는
민주당의 대패로 끝났지만, 민주당이 팬덤 정당을 넘어서
야 한다는 지적은 계속 이어졌다.

6월 7일『한겨레』는「팬덤에 갇힌 '그들만의 정치'…
민주당은 왜 민심과 멀어졌나」라는 기사에서 "강경파가
정치적 입지를 다지기 위해 팬덤에 기대고, 팬덤은 자신들
의 의사를 관철하기 위해 이들에 대한 지지 강도를 높이면
서 당내 의사 결정 과정 자체가 형해화되는 결과를 낳고 있
다"고 했다. 이 기사에 인용된 한 재선 의원은 "지금 나타
나는 팬덤 정치의 양상은 민주당과 대중의 연결고리 자체
를 끊어 우리끼리만 폐쇄적으로 돌아가게만 하는 문제를
안고 있다"고 했고, 한 3선 의원은 "문재인 · 이재명 팬덤과
민주당 지지층이 괴리되는 현상을 바로잡지 않으면 정당
정치의 위기를 맞을 것"이라고 말했다.

6월 14일 민주당 초 · 재선 의원들이 공동 주최한 대
선 · 지선 평가 2차 토론회에서 정치 컨설턴트 유승찬을 비

롯한 외부 패널들은 팬덤 정치를 선거 패배의 가장 큰 원인으로 꼽았다. 유승찬은 팬덤 현상에 대해 "노무현 전 대통령 서거로 시작됐으나 문재인, 이재명을 거치며 점점 정치 훌리건으로 흑화했다"며 "이재명 의원 출근 때 화환이 늘어서 있는 것은 대체 무슨 풍경인지, 이런 문화를 지지층 중도층이 좋아할까"라고 반문했다.

사실 정치 팬덤을 제외하고 정치 팬덤에 대해 좋게 말하는 사람은 드물다. 그런데 뜻밖에 이를 옹호하고 나선 목소리가 있어 흥미롭다. 민주당 의원 정청래. 그는 6월 14일 페이스북에 올린 글에서 '팬덤 정치'와의 결별을 주장하는 당내 의원들을 향해 "팬덤은 무죄다. 시기하고 질투하는 정치인이 문제"라며 "팬덤을 욕할 시간에 왜 나는 팬덤이 형성되지 않는가 성찰해보라"고 말했다.

정청래는 "축구장에서 손흥민 팬클럽의 응원 소리가 시끄럽다고 팬들을 입장시키지 말자고 주장할 것인가"라며 "손흥민이 부러우면 실력을 쌓는 것이 현명할 것"이라고 말했다. 이어 "의원들도 이재명을 응원하는 팬덤이 부러우면 이재명처럼 실력을 연마하고 지지받을 생각을 해야 한다"며 "괜한 시기와 질투심으로 이재명을 응원하는 국민과 당원을 향해 눈 흘기지 마시라"고 했다.

정청래가 무슨 말을 하고자 했는지 그 취지는 이해할 수 있을 것 같다. 그는 『정청래의 국회의원 사용법』(2016)이라는 책에서 "국회의원을 움직이는 최고 단위 정치 행위는 팬클럽이다"고 하지 않았던가? 실제로 그가 공천에서 탈락했을 때 그의 팬클럽이 전화, 문자 폭탄, 탈당계 팩스 등의 공세를 퍼부어 거의 일주일 내내 중앙당과 17개 시도당의 업무가 마비되었다고 한다.

그런 일도 있었던 만큼 그가 팬클럽을 중시하는 건 얼마든지 이해할 수 있는 일이다. 사실 정치인이 자신의 팬덤을 갖는 건 쉬운 일이 아니라는 것도 흔쾌히 인정할 필요가 있겠다. 그럴 만한 역량과 더불어 엄청난 공을 들여야 한다. 정치인 개인의 경쟁력에 국한시켜 말하자면, 강력한 팬덤을 가진 정치인을 시기하고 질투할 게 아니라 열심히 실력을 쌓으면서 노력하는 게 필요하다는 그의 말은 백번 옳다.

그러나 팬덤 정치 비판은 정치인 개인의 경쟁력을 넘

어서 정치의 정상화를 바라는 마음에서 비롯된 것임을 분명히 해둘 필요가 있겠다. 즉, '정치 팬덤'은 '손흥민 팬덤'과는 전혀 다르며 달라야만 한다는 것이다. 스포츠는 좋은 기량과 페어플레이를 보여주는 것으로 족하지만, 정치는 그것 외에도 국리민복國利民福을 책임져야 한다. 정치는 스포츠와 다를 게 전혀 없다고 주장하려는 게 아니라면, 그런 무리한 비유는 삼가는 게 옳다.

'시민 없는 민주주의'라는 말이 나올 정도로 날이 갈수록 참여가 희귀해지는 세상에서 팬덤의 적극적 참여는 일견 아름답게 보이긴 한다. 사실 많은 사람이 내심 문제가 많다고 여기면서도 정치 팬덤에 대해 쓴소리를 자제하는 이유는 바로 그런 이유 때문일 게다. 그런데 그간의 오랜 경험이 말해주는 문제의 핵심은 참여 자체가 중요한 게 아니라 어떤 참여냐가 중요하다는 것이다.

일반적으로 참여는 가난한 사람들보다는 부유한 사람들이 더 많이 한다. 이걸 바람직하다고 말할 수 있겠는가? 어떤 사람이나 집단에 대해 증오와 혐오를 발산할 기회를 몹시 바라는 사람일수록 참여를 많이 하더라는 것도 분명한 사실이다. 이런 경우에도 어떤 참여냐를 따지지 않은 채 무조건 참여는 아름답다고 말할 수 있겠는가?

보수(박근혜)나 진보(문재인) 모두 강경 노선을 부르짖는 팬덤에 눈이 멀어 오판을 저질렀고 그래서 정권 재창출에 실패했던 건 아닐까? 요컨대, 유권자의 광범위하고 적극적인 참여는 모두가 다 인정하는 민주주의의 이상이지만, 전반적으로 정치 혐오가 팽배한 사회에서 소수 열성적인 극렬파가 정치를 지배할 때에 나타나는 문제를 어떻게 볼 것인가 하는 게 쟁점이다. 이 문제를 외면하는 정치 팬덤 옹호론은 무력하거나 허망하다.(『UPI뉴스』, 2022년 6월 27일)

'6월 항쟁의 주역' 우상호 의원님께

우상호 의원님! 안녕하시지요? 여론조사 전문기관 '미디어토마토'가 최근 발표한 여론조사의 정당 지지도에서 민주당이 44.5퍼센트의 지지율로 국민의힘(41.9퍼센트)을 누

르면서 윤석열 정부 출범 이후 첫 역전을 했더군요. 비상대
책위원장이라는 중책을 맡고 계신 입장에서 기뻐하셨겠지
요. 축하드립니다.

　　제가 이 글을 쓰게 된 건 우 의원님이 최근 뜨거운 정
치적 쟁점이 된 서해 공무원 피살 사건과 관련해 하신 말씀
때문입니다. 우 의원님은 6월 17일 기자들과 만나 윤석열
정부가 '서해 공무원 피살 사건'을 '자진 월북'으로 판단한
문재인 정부의 판단을 뒤집은 것에 대해 "정치적 이해관계
로 악용하고 있다"며 '신색깔론'이라고 비판했습니다. 그
러면서 국민의힘이 대통령 기록물로 봉인된 자료를 열람
하자고 주장하는 것에 대해선 "협조할 생각이 없다"고 일
축했지요. 선뜻 동의하긴 어려웠습니다만, 이해할 수 있는
발언이라고 생각했습니다. 하지만 다음 발언은 이해하기
어려웠습니다.

　　우 의원님은 "윤석열 정부의 국정 우선 과제 중에 피
살 사건이 그렇게 중요한 일인지 모르겠다"며 "먹고사는
문제가 얼마나 급한데 이게 왜 현안이냐"고 했지요. 언론은
우 의원님께서 "민생이 급한 지금 '왜' 그거를 하느냐"며

"왜"라는 단어를 3번 연속 쓰며 불쾌감을 드러냈다고 했더군요. 이런 말씀도 하셨다지요. "그분이 월북 의사가 있었는지, 없었는지가 뭐가 중요합니까. 우리 국민이 북한 군인에 의해서 희생됐고 그걸 항의했고 그 사과를 받았습니다. 그걸로 마무리된 사건 아닙니까?"

저는 이런 일련의 발언에 충격을 받았습니다. 공무원 이대준 씨가 북한군에 의해 피살된 2020년 9월 22일 이후 1년 9개월간 사실상 지옥 같은 삶을 살면서 진상 규명을 줄기차게 요구해온 유족들이 있는데, 어찌 말씀을 그렇게 하십니까? 당시 문재인 대통령은 유족들에게 "모든 과정을 투명하게 밝히겠다"고 약속했지만, 이 약속을 어겼지요. 그분이 한 일은 오히려 진상 규명에 역행하는 일련의 조치를 통해 이대준 씨의 가족이 느껴온 고통을 가중시킨 것이었습니다. 이걸 모르고 하신 말씀인가요? 우 의원님은 1년 9개월 전에도 문재인 정부의 구출 노력과 관련된 비판에 "교전을 무릅쓰고 북한 영토로 특공대라도 보내라는 얘기가"라며 발끈하는 이상한 모습을 보이셨는데, 사람 정말안 바뀌네요.

저보다 더 큰 충격을 받았을 이대준 씨 아들 이 모군이 6월 20일 우 의원님 앞으로 보낸 편지에서 한 말에 대해 어떻게 생각하시는지요? 사건 당시 고교생이었지만 이젠 고교 졸업 후 공무원 시험을 준비하고 있는 이군은 "대한민국에서 월북이라는 단어가 갖는 무게"를 거론한 후 "어머니와 저는 한때 극단적인 선택을 고민했고, 우리 가정은 완전히 망가졌다"고 했습니다. 이군은 '사과를 받았으니 됐다'는 우 의원님의 발언에 대해 "누가 누구한테 사과했다는 것이냐"라며 "김정은 국무위원장이 제 가족에게 사과하고 용서를 구했냐. 우상호 의원이 무슨 자격으로 사과를 받았으니 된 것 아니냐는 말을 내뱉는 거냐"라고 했습니다.

이군은 그러면서 "월북자 가족이라는 끔찍한 죄명을 주려면 명확한 증거를 가족들이 확인해야 하는 것 아니겠냐"라며 "당신들만 알고 공개조차 할 수 없는 것을 증거라며 '너희 아버지는 월북이 맞으니 무조건 믿으라' 하는 것은 반反인권적 행위"라고 했습니다. 이군은 "우 의원의 소속은 대한민국 국회의원이지 조선인민민주주의공화국이 아니다"며 "월북 여부가 중요하지 않다면 왜 그때 그렇게 월북이라 주장하며 사건을 무마시키려 하셨나"고 따졌지요.

저는 구구절절이 다 옳은 말이라고 생각하는데, 우 의원님 생각은 어떠신지요? 우 의원님은 '신색깔론'을 들고 나왔습니다만, 우 의원님을 비롯한 문재인 정부가 '신新매카시즘'을 저질렀다는 생각은 들지 않습니까? 대한민국에서 '월북'이 얼마나 무섭고 소름끼치는 단어인지 정녕 모르십니까? 그건 확실한 증거를 갖고 내려야 할 판단입니다. 하지만 문재인 정부는 그렇게 하지 않았습니다. 부실한 추정이었음에도 여론을 월북으로 몰아갔습니다. 이군이 지적한 대로 사건을 무마시키는 데엔 월북 이상 좋은 카드가 없다고 생각했겠지요.

한국의 시민운동이 꽤 활발한 것 같지만 국가에 의해 월북자 가족으로 낙인찍힌 사람들의 인권을 위해 발 벗고 나서는 시민단체는 없습니다. 저는 문재인 정부가 그런 효과까지 내다보고 무리하게 월북론을 제기한 거라고 봅니다. 민주화 운동 시절 늘 독재정권의 매카시즘 공세에 공포를 느꼈을 문재인 정부 사람들이 권력을 잡은 위치에서 종전 선언과 남북 화해 무드 조성이라고 하는 웅대한 목적의 달성을 위해 월북 카드라고 하는 매카시즘 수법을 쓰다니, 세상에 이런 비극이 어디에 있겠습니까?

큰 뜻이 선하고 숭고하면 한 개인과 가족의 인권은 유린해도 괜찮다는 생각, 그거 누구에게서 배운 것일까요? 저는 화가 나는 게 아니라 무섭습니다. 1987년 6월 항쟁의 주역이었던 분까지 이렇게 인권에 냉담하고 가혹하다는 게 도무지 믿기질 않습니다. 달라진 게 아니라면, 우의원님의 6월 항쟁은 원래 그런 것이었는지 묻고 싶습니다.(『UPI뉴스』, 2022년 7월 4일)

문재인의 신매카시즘

2년 전에 일어난 서해 공무원 피살 사건을 둘러싼 정치적 공방이 뜨겁다. 아직 밝혀져야 할 게 많지만, 현 시점에서도 싸우는 양쪽 모두 합의할 수 있는 기본 사실만으로 할 수 있는 이야기가 있다. 그런 이야길 좀 해보련다.

9월 22일 공무원 이대준 씨가 북한군에 의해 피살되었을 때 국방부는 '만행'으로 규정했지만 25일 북한의 사과 통지문을 받은 이후 모든 게 달라졌다. 갑자기 김정은 찬양 분위기가 조성되었다. 김정은은 '계몽군주'(유시민)라는 말이 나왔고, 청와대는 보름 전 대통령 문재인이 김정은에게 보낸 친서에서 "생명 존중에 대한 강력한 의지에 경의를 표한다"고 한 찬사까지 공개했다.

당시 종전 선언에 집착하고 있던 문재인은 28일 "김정은 위원장이 대단히 미안하게 생각한다는 뜻을 전한 것을 각별한 의미로 받아들인다"면서 "사상 처음 있는 매우 이례적인 일"이라고 했다. 이후 문재인 정권은 이대준 씨를 월북자로 몰았다. 정황에 의한 추정이었다. 월북으로 보기 어려운 정황 증거들은 완전히 무시되었다.

한국 현대사에서 '월북'이라는 딱지는 공포 그 자체였다. 월북자 가족들은 인간 대접을 받을 수 없었기 때문이다. 그거야 옛날이야기 아니냐고? 전혀 그렇지 않다. 당시 어느 여당 의원은 "월북을 감행하면 사살하기도 한다"며 분위기를 조성했다. 언론과 전 시민사회는 사실상 월북의

가공할 효과에 굴복하고 말았다. 이대준 씨와 그 가족의 인권 문제를 적극 제기하는 단체나 운동은 없었으니 말이다.

이는 '신매카시즘'이라고 부를 만한 비극이었다. 한국의 대표적인 인권 변호사였던 문재인이 그런 '신매카시즘'에 가장 큰 책임이 있는 지도자였다는 건 비극이라기보다는 희극이었다. 인간에 대한 예의, 문재인식으로 말하자면, "사람이 먼저다"는 원칙은 철저히 유린되었으니, 이는 놀랍다 못해 참혹한 일이었다.

문재인은 한 맺힌 억울함을 호소한 이대준 씨의 아들이 보낸 편지에 대한 답장에서 "읽는 내내 가슴이 아팠다"며 "모든 과정을 투명하게 진행하고 진실을 밝혀낼 수 있도록 내가 직접 챙기겠다고 약속 드린다"고 썼다. 그러나 문재인은 그 약속을 지키지 않았다. 그가 한 일은 오히려 진상 규명에 역행하는 일련의 조치를 통해 이대준 씨의 가족이 느껴온 고통을 가중시킨 것이었다.

이대준 씨의 아들은 새 대통령 윤석열에게 보낸 편지에서 그간 겪어야 했던 고통을 털어놓았다. 그는 "아버지를 월북자로 만들어 그 죽음의 책임이 정부에 있지 않다는 말로 무참히 짓밟았고, '직접 챙기겠다', '늘 함께하겠다'는 거짓 편지 한 장 손에 쥐여주고 남겨진 가족까지 벼랑 끝으로 내몬 것이 전 정부였다"며 "아버지의 월북자 낙인을 혹시 주변에서 알게 될까봐 아무 일 없는 평범한 가정인 척 그렇게 살았다"고 했다.

그럼에도 이젠 야당이 된 민주당의 반응은 냉혹했다. 공세를 퍼붓는 국민의힘과는 어떤 이전투구를 벌이더라도 이대준 씨 가족의 고통을 외면한 것에 대해선 사과부터 하는 게 인간의 도리였건만, 그들은 그렇게 하지 않았다. 오히려 운동권 출신 의원들이 나서서 '먹고사는 문제'의 시급성을 강조하면서 이게 현안이 되는 것에 대해 강한 적개심마저 드러냈다.

해괴하거니와 무서운 일이었다. 매카시즘의 피해자였던 사람들이 권력을 갖자 권력의 영광을 위해 "대大를 위해 소小는 희생해도 된다"는 전체주의적 사고방식을 실천함으로써 매카시즘을 부활시키다니, 이건 니체가 경고한 비극이 아니었던가? "괴물과 싸우는 사람은 스스로가 괴물이 되지 않도록 조심해야 한다."(『시사저널』, 2022년 7월 12일)

제4장

왜
졌는지도
모르는 사람들

정당들의 '쿠데타 내로남불', 이제 그만!

영국의 식민지였던 보스턴의 인구는 1만 6,000명이었지
만, 이곳엔 영국 정규군 4개 연대(1만 6,000명)가 주둔하고
있었다. 보수가 매우 적었던 영국 군인들은 비번일 때는 부
업을 해 이미 포화 상태인 노동시장에서 식민지 노동자들
과 경쟁함으로써 갈등과 충돌을 일으키기도 했다. 그런 충
돌이 일어난 지 며칠 지나지 않은 1770년 3월 5일 부두
노동자들이 영국군 보초들에게 돌과 눈 뭉치를 던지는 사
건이 일어났다. 그 와중에 격투가 벌어지고 영국군이 총을

발사해 3명이 죽었다. 부상을 입은 2명은 나중에 죽어 사망자는 5명이 되었다.

이 사건은 지역의 반항적인 지도자들에 의해 '보스턴 학살Boston Massacre'로 명명되어 영국의 압제와 잔혹함의 상징으로 선전됨으로써 6년 후에 터진 미국 독립전쟁의 불쏘시개가 되었다. 그런데 5명의 죽음에 '학살'이란 단어를 써도 되나? 이는 훗날 연구자들에 의해 프로파간다 기법 중 과장법의 대표적 사례로 자주 거론되었다. 전쟁에서 그런 정도의 과장법은 상식에 속하지만, 진짜 문제는 정치가 그런 전쟁 언어를 대거 차용함으로써 '정치의 전쟁화'를 부추기고 있다는 데에 있다.

한국의 정치 언어에서 '정치의 전쟁화'를 말해주는 대표적인 단어는 '쿠데타'다. 5·16 쿠데타와 12·12 쿠데타로 인해 1961년부터 1987년까지 27년간 군사독재 정권 치하에서 살아야 했던 한국인들은 그 기간 중에 이루어진 경제적 발전은 인정하면서도 자유와 인권이 억압되었던 것에 대한 쓰라린 기억을 갖고 있으며, 이는 교육 등을 통해 젊은 세대에도 상당 부분 공유되었다.

7월 25일 행정안전부 장관 이상민이 행정안전부 내 경찰국 신설 추진에 반대하는 전국 경찰서장 회의를 두고 "하나회의 12·12 쿠데타에 준하는 상황"이라고 비판한 것은 '쿠데타'라는 단어가 뿜어내는 강한 부정적 연상 작용을 노린 것이었음은 두말할 나위가 없다. 그러나 이는 누가 봐도 무리수였다. 과장법은 또다른 과장법을 부르면서 갈등만 격화시킬 뿐, 문제 해결엔 도움이 되지 않는다.

7월 27일 이상민은 국회 대정부 질문 과정에서 한 발 물러섰다. 그는 "쿠데타 발언이 지나쳤다는 비판에 대해 수용한다"며 "일부 무분별한 집단행동의 위험성을 지적한 것이지, 성실히 맡은바 직무를 수행하는 대부분의 경찰을 이야기한 것이 아니다. 오해를 풀어주셨으면 한다"고 말했다. 뒤늦게나마 다행이다. 앞으론 두 번 다시 쿠데타란 말은 쓰지 않는 게 좋겠다.

그런데 아직 해결되지 않은 문제가 남아 있다. 그건 바로 민주당의 '쿠데타 내로남불'이다. 이상민의 쿠데타 발언에 대해 민주당 비상대책위원장 우상호는 "언어도단이고 적반하장"이라고 비난했다. 이른바 '검수완박' 법안 처리를 위해 민주당에서 탈당해 '꼼수 탈당' 논란에 휩싸였던 무소속 의원 민형배는 더 거칠게 나왔다. 그는 "경찰국 신설은 본인들의 무능과 지지율 하락을 '사람 때려잡는' 방식으로 만회하려는 파시스트적 기획에 다름 아니다"라며 "보수 정권이 들어설 때마다 반복되는 반헌법적 폭력 정권, 정말 지겹다"고 했다. 그러면서 그는 "'검찰 쿠데타'로 권력을 잡은 사람들답다"고 했다.

그런데 두 사람 모두 자신들도 성찰할 점은 없는지 되돌아볼 필요가 있겠다. 내가 거의 1년 전 『UPI뉴스』(2021년 9월 15일)에 쓴 「2년 넘도록 매일 '쿠데타' 외치는 나라」라는 칼럼에서 지적했듯이, 민주당은 2019년 8월 27일 오후 법무부 장관 후보자 조국에 대한 인사 청문회를 앞두고 검찰이 전격적으로 조국에 대한 압수수색을 한 걸 가리켜 '검찰 쿠데타'로 규정했다. 이는 당시 여권에서 매일 외쳐지던 일상용어가 되었다. 민주당과 그 지지자들은 지난 3년간 '검찰 쿠데타', '사법 쿠데타', '연성 쿠데타', '2단계 쿠데타', '조용한 쿠데타', '조폭 검사들의 쿠데타' 등 다양한 용어로 윤석열을 쿠데타의 수괴로 몰아가는 폭격을 퍼붓지 않았던가?

이상민의 쿠데타 발언은 비난하면서 윤석열에 대해선 쿠데타라는 비난이 정당하다는 이중 기준 또는 내로남불은 이해하기 어렵다. 혹 이상민은 진짜 쿠데타의 의미로 쓴 말이기 때문에 비난받아 마땅하고, 자신들은 비유법으로 쓴 말이라 괜찮다는 건가? 아무려면 그렇게까지 어이없는 억지는 쓰지 않을 거라 믿는다. 나는 이상민의 쿠데타 발언을 '궤변'이라며 맹공을 퍼부은 진보 신문들이 왜 '윤석열 쿠데타'라고 떼를 쓴 것에 대해선 침묵했거나 가담했는지 그것도 도무지 이해가 가지 않는다.

민주당 사람들은 진심으로 윤석열이 쿠데타를 저질렀다고 믿었던 걸까? 그래서 분노와 배신감으로 눈이 이글이글 타오르면서 판단력이 흐려진 걸까? 그들이 쿠데타라는 단어를 쓰지 않으면서 윤석열에 대해 차분하게 이성적으로 대응했더라면 '윤석열 대통령'은 탄생하지 않았을 것이다. 윤석열의 최근 지지율이 20퍼센트대로까지 떨어진 걸 보라. 이걸 보면서 속으로 즐거워해선 안 된다. 정녕 나라를 생각한다면, 이성을 상실할 정도로 무리한 '윤석열

때리기'에 올인함으로써 윤석열을 키워주고 정권을 넘겨
준 오만과 어리석음에 대한 처절한 성찰의 기회로 삼아야
한다.(『UPI뉴스』, 2022년 8월 1일)

'배은망덕'을 장려해야 정치가 산다

"감정 온도계에서 측정된 정당 간 적개심은 오늘날 인종
적·종교적 적개심보다 훨씬 강렬하다." 미국 정치학자 로
버트 퍼트넘이 최근 번역·출간된 『업스윙: 나 홀로 사회인
가 우리 함께 사회인가』에서 한 말이다. 그는 통혼通婚 문제
를 예로 든다. 자식이 반대 정당 열성 당원과 결혼하는 걸
반대하는 부모들이 점점 늘고 있다는 것이다. 이런 반대 비
율은 1960년에서 2010년에 이르는 사이에 민주당원들
사이에서는 4퍼센트에서 33퍼센트로, 공화당원들 사이에
서는 5퍼센트에서 49퍼센트로 증가했다고 한다. 그는 이
런 우울한 결론을 내린다. "지난 50년 동안에 정치적 파벌
주의는 종교를 대체하여 미국 내 '부족적' 파벌주의를 형

성하는 주요 근거가 되었다."

그런 파벌주의엔 증오와 혐오의 날이 서 있다. 미국에서 2019년에 이루어진 한 조사에 따르면, 거대 양당(민주당·공화당) 지지자의 40퍼센트 이상이 상대편을 '노골적인 악마'로 규정했다. 미국 민주당 지지자의 20퍼센트, 공화당 지지자의 16퍼센트가 상대편 구성원들이 "그냥 다 죽어버리면……한 국가로서 더 나을 것이라 생각한다"고 대답했다고 하니, 이게 도대체 무슨 '정당 민주주의'라는 건지 알다가도 모르겠다.

한국의 정당 간 적개심도 미국 이상으로 심각한 수준이다. 통혼 문제에서도 부모 이전에 자신들이 스스로 정치 성향을 결혼의 조건으로 내걸고 있다. 일부 조사에선 미혼 남녀의 57퍼센트가 '정치 성향이 다르면 소개팅으로 만나기 싫다'고 답했으며, 이를 반영하듯 남녀를 연결해주는 데이팅 앱들은 가입자들이 필수적으로 작성해야 하는 기본 정보 문항에 '정치 성향'을 묻는 질문을 추가했다.

독자들의 이런 '수요'를 감안한 탓인지 비교적 점잖던 신문들마저 기사 논조와 내용이 날이 갈수록 당파성을 강화하는 방향으로 치닫고 있는 것 같다. 좋다. 모두들 열심히 싸워보자. 다만 한 가지 제안을 꼭 하고 싶다. "내 몸엔 민주당의 피가 흐른다"거나 "내 몸엔 국민의힘의 피가 흐른다"는 식으로, 정당과 피를 연결 짓는 일은 하지 않으면 좋겠다. 달리 말해, 자신의 정치 성향이 타고난 DNA라도 되는 양 우기지는 말자는 것이다.

이건 매우 중요하다. 상대편을 악마로 보는 건 소속 정당과 정치적 성향이 고정불변의 것이라는 전제가 있기 때문이다. '반고정'으로 하면서 '이동성'이나 '유연성'을 폭넓게 허용하자. 소속 정당과 정치적 성향을 바꿀 만한 이유가 인정되면 '배신'이니 '변절'이니 하는 어리석은 욕도 하지 말자. 이게 바로 정치에서 증오와 혐오를 억누르면서 상호 소통을 가능케 하는 필수 조건이다.

현실은 어떤가? 정치인들은 당원이나 지지자들의 충성도를 높이기 위해 상습적으로 부족주의 정서를 자극하는 언어를 구사하고 있다. 그런 언어 중 대표적인 게 바로 '배은망덕背恩忘德'이라는 단어다. 배은망덕은 남에게 입은 은덕을 잊고 배반하는 것을 뜻한다. 지난 수년 동안 한국 정치판에서 가장 많이 외쳐진 사자성어가 아닌가 싶다. 철학자 이마누엘 칸트가 지적했듯이, "배은망덕은 악행의 근본이다". 고로 우리 모두 배은망덕을 저지르지 않는 사람이 되도록 노력하자. 단, 그건 사적 영역에 국한된 것임을 분명히 해두자.

공적 영역에서 배은망덕이란 있을 수 없다. 물론 공적 인물이 자신의 소임을 저버리면 국민이나 유권자에 대해 배은망덕을 저질렀다고 말할 수도 있겠지만, 이 단어를 그런 식으로 쓰는 사람은 거의 없다. 권력자의 인사권이나 배려에 의해 어떤 공직을 맡게 된 사람이 그 권력자의 뜻에 맹종하지 않고 반하는 일을 할 때에 권력자의 추종자들이 비난의 용도로 들고 나오는 단어가 바로 배은망덕이다.

곰곰이 생각해보면 이게 참 웃기는 말이다. 누구건 공적 영역에서 배은망덕을 입에 담는 것은 스스로 공사 구분을 하지 않는 부족주의자라는 걸 폭로하는 증거임에도 부끄러운 줄 모르고 당당하기만 하니, 이 노릇을 어찌할 것인가? 대통령의 인사권에 의해 고위 공직에 오른 사람들은 모두 다 대통령에게 은덕을 입었으니 죽을 때까지 충성을 해야 한다는 말인가? 왕조 시대도 아니거니와 조폭의 세계도 아닐진대, 이게 무슨 망발인가?

이런 시대착오적인 생각이 이른바 '줄서기'와 부족적 파벌주의를 키우고, 합리적인 소통을 죽이면서 반대편에 대한 증오와 혐오를 창궐케 한다. 오히려 배은망덕을 장려해야 다른 부족에 대한 증오와 혐오로 먹고사는 기존 부족주의 정치를 깨는 게 가능해질 것이며, 그 지긋지긋한 지역주의 투표 성향과도 작별을 고할 수 있을 것이다.(『한겨레』, 2022년 8월 8일)

왜 이재명은 '의원 욕하는 플랫폼'을 제안했나?

"당원들이 당에 의사를 표현할 통로가 없다. 그래서 의원들의 번호를 알아내 문자를 보내는 것이다. 당에 온라인 플랫폼을 만들어서 욕하고 싶은 의원을 비난할 수 있게 해 '오늘의 가장 많은 비난을 받은 의원', '가장 많은 항의 문자를 받은 의원' 등 (일간·주간·월간 집계를) 해보려고 한다." 민주당 의원이자 당대표 후보인 이재명이 지난 7월 30일 경북 안동에서 열린 경북 북부·중부 지역 당원과 지지자를 대상으로 한 '토크 콘서트'에서 한 말이다. 이에 당 안팎에서 다음과 같은 비판이 빗발쳤다.

"자신과 반대 의견을 내놓는 소신을 숫자로 겁박하고자 하는 의도"(민주당 의원 박용진), "자칫하면 이는 온라인 인민재판과 같이 흐를 우려"(민주당 의원 강훈식), "강성 지지자들에 편승하고 이용하려는 얄팍한 행태"(민주당 의원 이상민), "자신에게 비판적인 민주당 인사들에게 마구잡이 난사를 하려는 모양"(국민의힘 의원 김기현), "마구 조롱하고 짓밟고 물어뜯는 '광란의 플랫폼'을 만든다는 것"(전 국민의힘 의원 전여옥).

나의 관심사는 "왜 그랬을까?"다. 자신의 발언이 논란이 되리라는 걸 몰랐을까? 그랬을 리 없다. 논란이 되더라도 강성 지지층의 뜨거운 환영을 받을 수 있다는 계산을 했을지도 모르겠다. 몸에 밴 버릇도 영향을 미쳤을 가능성이 있다. 이재명은 성남시장 시절부터 타의 추종을 불허하는 'SNS 대통령'으로서 이른바 '좌표 찍고, 벌떼 공격' 전

술에 능했다.

2017년 1월 5일에 일어난 한 사건을 보자. 그날 이재명은 자신의 SNS에 "성남시청 스케이트장이 새누리당 시의원들의 반대에 따른 예산 삭감으로 사라지게 되었다"며 성남시 야외 스케이트장 가설 건축물에 부착되었다는 '야외 스케이트장 예산 삭감에 대한 안내문'의 이미지를 올렸는데, 해당 이미지엔 반대했다는 새누리당 시의원들의 실명까지 적혀 있었다.

이 안내문이 인터넷 포털사이트와 카페, 블로그 등으로 일파만파 퍼져 나가면서 악성 댓글과 인격 모독성 막말들이 줄줄이 달렸다. 심지어 해당 의원들의 연락처가 담긴 신상마저 공개되어 협박성 문자마저 끊이질 않았다. 그런데 희한한 건 이러한 '인민재판식' SNS 운영이 지지자들에겐 이재명의 장점이자 강점으로 여겨졌다는 점이다.

이재명의 열성 지지자인 나꼼수 김용민은 이 사건이 자신이 이재명의 지지자가 되기로 마음먹게 된 이유 중 하나라고 했다. 그는 이재명의 해당 트위터 메시지는 "시민이 나서 혼내 달라"는 의중이었다며 이렇게 말했다. "나는

여기서 '이재명은 금세기에 다시 만나기 힘든 전대미문의 싸움꾼'임을 직감했다.'

이재명은 '전대미문의 싸움꾼'인 동시에 '전대미문의 장난꾸러기'의 모습도 보인다. 이재명은 자신의 발언에 대해 비판이 쏟아지자 "내가 재밌자고 한 얘기에서 조금만 삐끗하면 그거 가지고 침소봉대해서 전혀 본질과 다른 얘기들을 막 만들어내기 때문에 요즘은 정말 말하기 불편하고 힘들다"고 했다. 과연 그런가? "재밌자고 한 얘기"라는 표현이 의미심장하다. 실제로 텔레비전에서 본 그의 발언 모습은 재미있어 죽겠다는 듯 장난기 어린 표정이 가득했다.

이미 우리는 2022년 5월 15일 인천 계양을 선거운동에서 그런 모습을 보지 않았던가? 당시 국민의힘 대변인 박민영은 "이재명 후보는 술집으로 들어가 휴대폰을 보고 있던 여성을 콕 찌르고 도망가는 등 잔망스러운 행보를 계속했다"고 했는데, 나 역시 텔레비전을 통해 그 장면을 지켜보면서 어이없어 했던 기억이 난다.

지지자들에게 과도한 '애교'를 부리는 것만 해도 그렇다. 전 민주당 비상대책위원장 박지현은 "정치인이 '아이돌'도 아닌데 애교를 왜 부리나……그게(애교) 정치인의 덕목은 '절대 아니다'라고 본다"며 이렇게 말했다. "이재명 의원을 지지하는 한 유튜버가 집을 찾아왔던 테러 이후, 이 의원이 팬덤들에게 '박지현을 향한 비난과 억압을 멈춰라'라는 메시지를 냈다. 팬덤들이 거기에 서운함 표하니까, 이 의원이 그날 밤새 팬덤들에게 애교를 부리면서 화난 사람들을 달래더라.……그 밤에 애교('또금만 더 해두때요')를 왜 부리냐. 그 사람들 달래려고 '나 좋아하니까 싫은 소리한 건 한 번만 봐 달라' 이런 거 아닌가."(『더팩트』, 7월 25일 인터뷰).

혹 사람이 워낙 좋아서 그런 걸까? 그간 논란이 되었던 이재명의 발언들은 대부분 열성 지지자들 앞에서 나온 것이었다. 그들을 즐겁게 만들어주거나 어떤 식으로건 감명을 주어야겠다는 강박적인 생각을 갖고 있는 건 아닐까? 그래서 필요 이상으로 과격하거나 과거에 했던 발언들과는 모순되는 실언들이 자주 나오는 게 아니겠느냐는 것이다.

'의원 욕하는 플랫폼'이라는 말은 이재명이 억울하게 생각할 만한 표현일망정, 제발 '가장 많은 비난을 받은 의원', '가장 많은 항의 문자를 받은 의원'이라는 식으로 순위를 매기는 일은 하지 않으면 좋겠다. 인천에서 선거운동 할 때 자신에게 욕한 시민을 따라가 "욕하는 건 범죄행위"라고 경고했던 것도 상기하는 게 좋겠다. 나도 당할 수 있다는 역지사지易地思之를 조금만 해봐도 '의원 욕하는 플랫폼'은 난센스라는 데에 흔쾌히 동의하시리라 믿는다.(『UPI뉴스』, 2022년 8월 8일)

그 많던 친문은 다 어디로 갔을까?

「그 많던 친문은 어디로⋯ '이재명 독무대' 된 민주당 전대」(『한국일보』, 8월 10일), 「그 많던 친문 어디로⋯차기 대선 주자도, 구심점도 없어」(『조선일보』, 8월 11일), 「그 많던 친문 어디 갔나⋯민주 전대 구도 이재명계 일색」(『파이낸셜뉴스』, 8월 11일).

　　이 세 기사를 꼼꼼히 읽으면서 착잡했다. 그 어떤 정파적 입장 때문에 착잡했던 건 아니다. 나는 '팬덤 정치'에 대해 비판적 자세를 취하긴 하지만, 그래도 '팬덤 정치'가 독립적이고 주체적이기를 원한다. 그건 특정 연예인 팬덤이 관련 연예기획사의 관리와 영향력에 종속되지 않기를 바라는 마음과 비슷한 것이다.

사실상 문재인 정권을 이끌다시피 했던 친문 팬덤은 과연 독립적이고 주체적이었던가? '그렇다'고 답을 하긴 어려울 것 같다. 이 세 기사가 제기한 질문 때문이다. 그 많던 친문은 다 어디로 갔길래 "씨가 말라버린 것 같다"는 말까지 나오게 된 걸까?

8·28 전당대회를 앞두고 친명계 진영은 선출직 최고위원(5명)도 최대한 친명계 주자로 채우기 위해 "특정 친명계 후보에게 표를 몰아주면 안 된다"는 분산 투표 캠페인을 펼치고 있다. 특정 친명계 후보에게 표가 몰릴 경우, 비명계 후보들이 어부지리로 5위 안에 드는 걸 막기 위해서라나. 이에 지지층의 생일별로 1~4월생은 정청래, 장경태, 5~8월생은 정청래, 서영교, 9~12월생은 정청래, 박찬대를 각각 뽑기로 했다니, 그저 놀라울 따름이다.

친명계의 그런 탐욕이 놀랍다기보다는 친문이 그런

'친명계 싹쓸이 전략'에 속수무책으로 당할 수밖에 없을 정도로 씨가 말라버렸다는 게 놀랍다. 「"이재명 탈당하라"던 그 당 맞나…친문도 '이 호위무사' 됐다」는 『중앙일보』(8월 16일) 기사는 다음과 같은 말로 그런 놀라움을 표현했다. "2년여 전까지만 해도 '당원권 정지' 상태에 놓여 있던 이 후보가 '압도적 1위' 조짐을 보이는데 대해, 당내에선 '상전벽해桑田碧海'라는 평가가 나온다. 뽕나무밭이 변해 푸른 바다가 된 것처럼 당내 세력 지도의 변화가 급격하다는 의미다."

내가 궁금하게 생각하는 건 당내 세력 지도의 변화보다는 그 많던 친문 지지자의 마음속에서 일어난 상전벽해다. "우리 이니 마음대로 해"라거나 "대한민국은 문재인 보유국"이라고까지 외치던 친문은 다 어디로 갔길래 문재인의 흔적마저 지워가면서 '이재명의 민주당'을 만들기 위한 온갖 무리수가 저질러져도 아무런 말이 없는 건지 기이하기까지 하다.

사실 이 상전벽해는 이미 2022년 대선 기간 중에 일어났다. 당시 내가 가장 놀랍게 생각했던 건 『경향신문』

(2021년 9월 2일)에 실린 「대선판 여론 유튜브는 안다: 친이재명 283만 대 친이낙연 10만 '격차'」라는 기사였다. 이 기사를 보면, 민주당을 지지하는 10여 개의 대표 유튜브 채널을 분석한 결과, 구독자 수 기준으로 '친이재명 283만 대 친이낙연 10만'으로, 친이재명 쪽이 28배나 넘는 화력 우세를 보이고 있었다.

이게 과연 말이 되는가? 말이 된다고 보는 쪽은 『경향신문』 기사가 인용한 한 유튜브 채널 관계자의 분석을 답으로 제시할 가능성이 높다. 그는 "(이재명 지지 성향 채널들은) 이재명 지사가 문 대통령에게 맞섰던 '실수'보다는, 민주당 정권 연장이 급하다고 보기 때문에 이 지사에게 힘을 실어주고 있는 것"이라며 "이명박 전 대통령에게 정권을 뺏겨 노무현 전 대통령이 서거한 것을 반면교사 삼아 '문 대통령을 사랑한다면 정권 연장이 답이다, 원팀이 돼야 한다'라고 강조하는 것"이라고 분석했다.

과연 그럴까? 그렇다면 이런 반문이 가능하겠다. '문재인 사랑'을 위해 그렇게 합리적이고 냉정한 판단을 하는 친문 지지자들이 어쩌자고 '조국 사태'에 대해선 초강경

일변도 노선을 고집함으로써 정권 연장의 가능성을 스스로 훼손했던 걸까?

이 『경향신문』 기사가 나오기 보름 전인 8월 18일 이낙연 캠프 내부에서 작성한 '이낙연 후보 비방을 주도하는 유튜브 방송 실태'라는 제목의 8쪽 분량 문건이 알려져 논란이 일었다. 해당 문건은 친이재명 유튜브 채널들에 대한 이재명 진영의 재정적 지원을 문제 삼았지만, 오히려 해당 채널들의 거센 반발만 샀을 뿐 이렇다 할 여론의 반향을 불러일으키진 못했다.

친이재명 유튜브 채널들이 하늘 우러러 한 점 부끄러움 없이 오직 순수한 소신과 신념에 의해 이재명을 지지하면서 이낙연을 비난하는 방송을 했다는 걸 믿기로 하자. 내가 가장 궁금하게 생각하는 건 그런 채널들을 주도한 친명 인사들(공급)과 시청자들(수요)의 관계다. 수요가 공급을 창출했을까, 아니면 공급이 수요를 창출했을까? 어떤 답을 택하건 친문 팬덤의 기반이 모래성처럼 취약했다는 사실은 바뀌지 않는다.

이를 정치 팬덤의 유연성이나 신축성을 말해주는 긍

정적 증거로 보아야 할까? 아니면 '중앙과 정상頂上의 권력을 향한 맹렬한 돌진'으로 대변되는 '소용돌이 정치'의 기회주의를 말해주는 부정적 증거로 보아야 할까? 그 어느 쪽의 시각을 택하건, 여전히 풀리지 않는 의문은 도대체 그 많던 친문은 다 어디로 갔느냐는 것이다.(『UPI뉴스』, 2022년 8월 22일)

'DJ의 오·남용'을 자제하자

"정치인으로서 훌륭하게 성공하려면 다른 분야도 그렇지만 서생적 문제의식과 상인적 현실 감각을 가져야 한다. 서생적 문제의식, 즉 원칙과 철학의 확고한 다리를 딛고 서서 그 기반 위에서 상인적 현실 감각을 갖춰야 한다."

전 대통령 김대중의 말이다. 그의 어록 중 가장 많이 인용되는 명언이 아닌가 싶다. 이 명언을 사랑하는 정치인이 많은데, 민주당 의원 이재명도 그런 정치인 중 한 명이다. 예컨대, 그는 2월 18일 전남 순천 연향 패션 거리에서 가진 대선 유세에서 "김대중 대통령님을 정말 존경한다. 제가 딱 일상적으로 인용하고 삶의 지침으로 쓰는 말이 있다"라며 '서생의 문제의식과 상인의 현실 감각'이라는 말을 인용했다. 이어 "문제의식은 깊이 가지되, 정치는 현실에서 실현 가능한 것을 하는 것"이라며 "저는 성남시장, 경기도지사로 할 수 있는 범위 내에서 최선을 다해서 실력을 인정받아 이 자리까지 불러주셨다"고 말했다.

이재명은 아마도 그 말을 수십, 수백 번 인용했을지도 모르겠다. 거의 대부분 다 적절한 경우에 잘 활용했겠지만, 8월 16일 전북 전주시 JTV전주방송 주관으로 열린 민주당 대표 후보 TV 토론회에서 한 인용은 듣기에 민망할 정도로 부적절했다. 민주당 정권 말기인 4월 20일 '검수완박'을 위해 민주당을 '꼼수' 탈당했던 민형배의 복당 필요성을 정당화하기 위한 용법이었기 때문이다. 이미 『중앙일보』 기자 오현석이 「"상인의 현실 감각" DJ 어록을 민형배 복당에 쓴 이재명의 착각」이란 기사에서 정중하게 잘 지적했던 문제이지만, 여기선 'DJ의 오·남용'이란 관점에서 다시 살펴보기로 하자.

"김대중 선생님께서 이런 말씀을 하셨다. 정치는 현실이다. 서생적 문제의식을 가지는 것도 좋지만, 상인의 현실 감각도 가져야 하고, 이 두 가지가 합리적으로 잘 조화되는 것이 좋다."'니가 왜 거기서 나와'라는 노래에 빗대 말하자면, 그 명언이 왜 여기서 나오는 건지 정말 이해하기 어려웠다. 그래도 성의 있게 이재명의 설명을 더 들어보자.

이재명은 "시민운동가라면 원칙을 끝까지 지키는 게 중요하지만, (정치인은) 바뀐 상황에 따라 합리적인 결정을 내려야 한다"며 "한 번 결정했다고 끝까지 밀어붙이는 건 옳지 않은 태도다. 민 의원 복당 문제도 사실은 같다"고 말했다. 그는 민형배의 탈당에 대해선 "민주당 또는 개혁 진영의 소망을 실현하기 위해서 나름 희생한 것"이라고 평가하면서 "(1년 내 복당 금지) 규정도 중요하지만, 국민과 지지층 의견도 충분히 고려해 상황에 맞춰 판단하는 게 옳다"고 주장했다.

아, 이러시면 정말 곤란하다. 민형배의 탈당에 대해선 민주당 내부에서도 "정치를 희화화하고 소모품으로 전락시키는 것"(이상민), "절차적 정당성이 없으면 민주주의가 무너진다"(조응천), "묘수 아닌 꼼수"(박용진), "명백한 편법"(이소영) 등의 비판이 나오지 않았던가? 당시 범여권에서도 "민주 독재, 입법 독재"(시대전환 조정훈), "대국회 민주주의 테러"(정의당) 등과 같은 거센 비판이 나오지 않았던가? 그런데 이 모든 비판이 '서생의 문제의식과 상인의 현실 감각'을 이해하지 못한 무지의 소치였단 말인가?

　　민형배가 자신의 탈당에 대해 사과를 했거나 최소한 부끄러워하는 모습이라도 보였다면 또 모르겠다. 그는 5월 9일 법무부 장관 후보 한동훈 인사청문회에서 자신의 탈당은 '위장 탈당'이 아니라고 항변하는 과정에서 큰소리를 뻥뻥 치며 당당해하는 모습을 보이지 않았던가? 위장 탈당이 아니라면 계속 무소속으로 남아 있으면 될 텐데 무엇이 그리도 급했던지 소기의 목적을 달성한 민형배는 탈당한지 채 50일도 되지 않은 시점에서 민주당에 복당을 신청했고, 그래서 다시 지금과 같은 복당 논란을 불러일으키고 있지 않은가? 이런 일련의 행태를 '서생의 문제의식과 상인의 현실 감각'이라는 말로 옹호하는 것은 김대중에 대한 모욕이다. 굳이 일일이 설명할 필요는 없으리라 믿는다.

나는 민주당 인사들께 'DJ의 오·남용'을 자제해달라는 호소를 하고 싶다. 더도 말고, 이거 하나만 지키면 된다. 'DJ 이용'을 하려면 호남 이외의 지역에서만 하라는 것이다. 'DJ 이용'의 거의 대부분이 호남에서 이루어지고 있는데, 듣기에 민망한 DJ 찬양이 너무 많다. 게다가 아전인수我田引水격으로 자기 정당화의 용도로 이용되고 있어 이러다간 이른바 'DJ 피로증' 같은 게 생겨나지 않을까 염려될 정도다. '서생의 문제의식'은 충만했지만 '상인의 현실감각'이 없어 부동산 정책처럼 치명적인 과오를 저질러 정권 재창출에 실패한 민주당으로선 밖에 대고 말하기보다는 조용히 'DJ 공부'를 열심히 하는 게 어떨까 싶다.(『UPI 뉴스』, 2022년 8월 29일)

'국민의힘 코미디'의 본질

「암초 만난 '도로 권성동' 비대위, 이런 코미디가 없다」. 『한겨레』의 8월 30일 사설 제목이다. 그런데 사설 내용은 웃기기보다는 집권 여당의 한심한 수준에 대한 분노와 울화를 불러일으킬 만한 것이다. 이게 어떻게 코미디일 수 있단 말인가? 그러나 정치가 늘 엉망진창인 상황에서 그렇게 심각하게 살다간 혈압이 치솟아 스스로 수명을 단축할 수 있다. 그러니 차라리 코미디로 이해하자는 무언의 배려가 담긴 사설이 아닌가 싶다.

우리 모두 그렇게 보는 게 좋겠다. 나 역시 언제부턴가 정치를 그런 자세로 보기 시작했는데, 좋은 점이 많았다. 무엇보다도 나의 건강을 돌보면서 냉정한 공평무사와 크게 멀리 내다보는 안목을 갖는 데에 큰 도움이 되었다. '도로 권성동' 비대위라고 하는 코미디, 즉 '국민의힘 코미디'의 본질도 좀 다른 관점에서 볼 수 있었다.

'국민의힘 코미디'에 가장 큰 책임이 있는 사람은 누구인가? 두말할 필요 없이, 그건 대통령 윤석열이다. "내부 총질이나 하던 당대표"라고 한 윤석열과 이 메시지 노출에 책임이 있는 그의 친구 권성동이 합동으로 저지른 '7·26 자해 사건'은 이들이 자신이 맡은 공적 역할의 무게를 가볍게 여기고 있다는 걸 보여주었다. 그렇기 때문에 그로 인해 벌어진 일련의 사건들에 대한 책임의식도 없거나 약했을 것이다. 또 그래서 "새 비대위 말고 대안 있나", "당이 중지를 모아 내린 결론이면 존중해야 한다" 같은 유체이탈 화법을 구사할 수 있었을 것이다.

결코 큰소리를 쳐선 안 될 사람들이 큰소리를 치면서 해법을 제시하고 그걸 힘으로 밀어붙이는 코미디가 연출될 수 있었던 이유는 일부나마 우리 자신, 즉 평범한 유권자들에게도 있다. 그건 바로 대통령에 대한 과도한 기대와 그에 따른 추종이다. 정치학자 강원택은 "문재인 정부가 이른바 '적폐 청산'을 추진해왔지만, 이제 와 생각해보니 모든 적폐의 근원은 권력이 집중된 제왕적 대통령제였다"고 했다. 『한겨레』 정치팀장 김태규도 "5년 만에 한 번씩 '철인'을 기대하며 대통령을 뽑아놓고 실망하고, 또 베팅하는 패턴이 반복된다"며 "전지전능할 수 없는 '인간'에게 변치 않는 유능함만을 강요하는 '강력한 대통령 중심제'는 이제 성공할 수 없다는 게 역사적 실험으로 확인된 게 아닐까"라고 했다.

한국에서 대통령이 독자적으로 행사할 수 있는 권력

은 매우 제한적인데다, 야당이 의회를 장악하면 아무 일도 못한 채 질질 끌려다닐 수밖에 없는데 무슨 말을 하는 거냐는 반론이 있기는 하다. 하지만 우리가 정작 주목해야 할 것은 정부 여당과 지지자들 내부에서 일어나는 권력에 대한 맹목적 추종이다. 이런 추종은 내부 비판에 대한 탄압과 오류의 교정 가능성의 박탈로 이어짐으로써 대통령과 정권의 실패를 초래한다.

이는 충분히 확인된 사실인 것 같은데도 도무지 바뀌지 않는 정치의 영원한 풍경이다. 왜 그럴까? 미국 정치학자 크리스토퍼 아첸은 "정책의 선호도나 이데올로기 때문이 아니라, 집단과 정당에 대한 충성심이 민주 정치에서는 가장 근본적인 사항이다"고 했다. 정치학자 로버트 퍼트넘도 "정당을 자기 자신과 동일시하는 것은 이념적 헌신이라기보다는 부족적 헌신이고, 그것이 정당 양극화라는 맥락의 핵심 사항이다"며 "정당 부족주의를 점점 강조하면서 유권자들의 대통령 후보 자질 평가는 점점 더 정당 충성심에 의해 결정되었다"고 말한다.

이들의 말에 답이 있다. 충성심을 신성하게 여기는

부족주의 정서는 정치인에겐 강력한 지지 기반을, 지지자들에겐 정치 참여의 보람과 기쁨을 준다. 충성심에 매몰되면 중도파 유권자들의 정서를 외면함으로써 정치적 패배를 당하지만, 이를 개의치 않거나 깨닫지 못할 정도로 부족주의가 제공하는 열매는 너무도 달콤하다.

야당인 민주당은 국민의힘에서 벌어지는 일들에 대해 비난과 조롱을 퍼붓고 있지만, 부족주의 문화에선 한 수 위다. 민주당 전당대회에서 당대표로 선출된 이재명의 득표율은 77.77퍼센트였는데, 국민의힘에서 이런 쏠림이 가능할까? 민주당은 이재명의 '사법 리스크'를 막기 위해 여러 겹의 '방탄' 장치를 마련했는데, 국민의힘에서 이런 일이 가능할까? 나는 국민의힘이 민주당의 일사불란한 부족주의를 부러워하지 말기를 바란다. 내부 반란을 빨리 진압해야 대통령·정당 지지율이 오를 거라는 착각도 하지 말기를 바란다. 윤석열에게 표를 준 유권자들 중엔 정치권의 '내로남불'과 '후안무치'를 더는 보고 싶지 않은 소망을 품은 이가 많았을 거라고 봐야 하지 않을까?(『한겨레』, 2022년 9월 5일)

가난한 유권자는 언론과 그루밍의 피해자였나?

"고학력, 고소득자 등 소위 부자라고 하는 분들은 우리(민주당) 지지자가 더 많다. 저학력에 저소득층이 국힘(국민의힘) 지지가 많다. 안타까운 현실이다. 언론 환경 때문이다." 7월 29일 민주당 당대표 후보였던 이재명이 지지자들과의 유튜브 라이브 방송에서 한 말이다.

이에 같은 당 경쟁 후보인 박용진은 "오만함마저 느껴진다"고 비판했다. 그는 "저학력, 저소득층은 언론 환경 때문에 국민의힘을 지지한다는 말은 너무나 노골적인 선민의식이고, 정치 성향에 따른 국민 갈라치기"라며 "국민 분열의 정치는 우리가 가야 할 길이 아니다. 우리가 지향할 길은 국민 통합의 길"이라고 반박했다.

또 다른 당대표 후보인 강훈식도 "지난 대선 기간에도 우리 선거 캠프 인사가 윤석열 당시 대선 후보 지지자의 대부분이 저학력 빈곤층이라고 했다가 SNS 글을 지우고 사과한 적이 있다"며 "당시에도 우리가 폐기해야 할 민주당의 선민의식을 보여줬었기에 많이 부끄러웠다"고 했다. 그는 "저들의 갈라치기와 혐오를 비난만 하지 말고, 우리에게서도 문득문득 등장하는 이분법의 정치를 반성해야 한다"고 했다.

그러자 전 법무부 장관 추미애가 8월 1일 이재명의 발언을 옹호하고 나섰다. 그는 "부유한 사람들의 특권 유지 노력에 밀려 가난한 사람들은 정치에서 멀어져 가고, 사회문제를 제대로 인식하지 못해 자신들을 외면하는 세력을 지지하는 이율배반적 투표를 하고 있다"며 "심지어 (이런) 투표조차도 피해를 보면서 사회문제의 원인을 제대로 인식할 수 없도록 그루밍(심리적으로 지배함) 당하고 있다"고 주장했다.

놀랍다. 유권자의 투표 행태와 관련된 내로남불이 일부 민주당 지도자들의 마음속에 여전히 건재하고 있다는 게 말이다. 우리 편에 표를 주는 유권자는 정의롭고 현명한 반면, 반대편에 표를 주는 유권자는 '언론 환경'이나 '그루밍' 때문에 잘못된 판단을 내렸다고 보면 마음은 편해질지 몰라도 마음 편하자고 정치를 하는 건 아니잖은가?

저학력·저소득층이 보수 정당을 지지한다는 이른바

'계급 배반 투표' 현상은 이를 긍정하는 증거와 부정하는 증거가 병존하지만, 절반의 증거일망정 이색적인 뉴스 가치로 인해 국내외 학계와 언론계 모두 이 현상에 주목해왔다. 그 이유를 두고 그간 많은 전문가가 다양한 설명을 내놓았다. 이미 120여 년 전 미국 경제학자 소스타인 베블런은 『유한계급의 이론』(1899)에서 가난한 사람에겐 생각할 여유가 없다는 이유를 제시했다. 그는 다음과 같이 주장했다.

"처절한 가난과, 자신의 에너지를 하루하루의 생존 투쟁에 모조리 쏟아붓는 사람들은 누구나 보수적일 수밖에 없는데, 이것은 그들이 내일 이후를 생각하는 데 드는 노력의 여유조차도 없기 때문인 것이며, 이것은 가장 부유한 사람들이 현재의 상황에 만족스럽지 못한 경우가 거의 없기 때문에 보수적일 수밖에 없다는 것과 동일한 맥락인 것이다."

오늘날엔 이런 주장에 동의할 사람은 많지 않을 게다. 물론 한국의 민주당 일각엔 비교적 동의하는 사람이 많겠지만 말이다. 이후 세월이 흘러 '이익'보다는 '가치'를 중시하는 유권자가 많다는, 훨씬 나은 설명이 제시되었다.

언어학자 조지 레이코프는 『코끼리는 생각하지 마』(2004, 국내 번역·출간 2006)에서 "사람들이 언제나 단순히 자기 이익에 따라서 투표한다는 가정은 심각한 오해"라며 "그들은 자신의 정체성·가치관에 따라, 그리고 자기가 동일시하고 싶은 대상에게 투표한다"고 정리했다.

미국 언론인 토머스 프랭크의 『왜 가난한 사람들은 부자를 위해 투표하는가: 캔자스에서 도대체 무슨 일이 있었나』(2004, 국내 번역·출간 2012)를 비롯해 그런 논지를 펴는 책과 논문들이 발표되었다. 2012년 한국 대선을 분석한 정치학자 강원택도 저소득층 유권자들은 개인의 경제적 이해관계보다 사회문화적 가치를 중시한다는 결론을 내렸다.

가난한 사람들이 보수 정당에 표를 주는 이유로 사회문화적 가치를 지적하긴 했지만, 사실 이건 하나마나한 이야기다. '이율배반'이니 '계급 배반'이니 하는 지적도 번지수를 잘못 짚은 것이다. '이익' 중심의 투표를 하더라도 가난한 사람들이 자칭 진보 정당에 표를 주어야 할 이유가 없는 경우가 많기 때문이다.

예컨대, 문재인 정권에서 일어난 부동산 가격의 폭등을 보라. 이는 집을 소유하지 못한 가난한 사람들에 대한 사실상의 약탈이었다! 사실 2022년 대선에서 놀랍거나 이상하게 생각해야 할 일은 가난한 사람들 중에서 민주당에 표를 준 사람도 많았다는 점일지도 모른다. 이게 연구 대상이 되어야지, 자기 이익과 가치에 따라 민주당에 표를 주지 않은 저소득층 유권자들을 향해 언론이나 그루밍에 놀아난 게 아니냐는 문제를 제기하는 건 난센스다.

애초에 이 논쟁의 방향 설정이 잘못되었다. 『한겨레』 기자 엄지원이 그 점을 잘 지적하고 나섰다. 그는 "(이재명) 발언의 전체 맥락을 보면, 정작 고개가 갸웃거려지는 대목은 따로 있다"며 이재명이 "고소득층에 우리의 지지층이 있으니 그들을 배제할 필요가 없다"고 결론을 맺는 것이 옳으냐는 문제를 제기했다. 사실상 '서민 정당'으로 자리매김해온 민주당의 무게 추를 옮겨야 한다는 메시지를 내놓은 것인데, 그래도 되는 건지에 대해 "더 날카로운 논쟁이 벌어졌으면 하는 바람"이 있다는 것이다.

맞다. 바로 그게 쟁점이 되었어야 했다. 이와 관련,

나는 정당의 이념 지향성을 '결과'가 아닌 '의도' 중심으로 평가하는 기존 관행을 의심해보자는 제안을 하고 싶다. '의도'를 앞세워 사회를 실험실로 여기는 무모한 '도그마 중독증'이나 아마추어 근성과 결별하기 위해서다. 이는 2,200여 년 전 한비자도 간파했던 '상식'이다. "군주가 나라를 망치는 건 악의가 아니라 물정 모르는 의욕만 넘치는 열정과 선의에서 기인하는 경우가 많다."

　　또한 우리 모두 좀더 정직해질 필요가 있다. 무엇보다도 선거 결과에 대한 내로남불 해석은 이제 그만두자. 우리 편이 승리하면 유권자들의 위대한 저력을 과장하고 칭송하지만, 패배하면 우회적으로 온갖 악담과 저주를 퍼붓는 관행을 중단하자. 그런 문제의식의 연장선상에서 저소득층 유권자는 언론과 그루밍의 피해자였다는 주장도 다시 한번 생각해보는 게 좋겠다.(『무등일보』·『영남일보』·『중부일보』·『충청투데이』, 2022년 9월 6일 공동 게재)

회계사 김경율의 '부족주의'에 대한 투쟁

최근 출간된 『회계사 김경율의 '노빠꾸' 인생』이란 책을
읽었다. 김경율은 이른바 '조국 사태' 이후 진보의 문제점
들을 고발해온 진보 인사다. 이렇게 한 문장으로 정리하기
엔 부족하다. 김경율이 그 일을 위해 20년 넘게 몸담은 시
민단체인 참여연대와 결별하면서 "그간 쌓아온 네트워크,
친구들의 80%가 떨어져나"가는 희생을 감수했다는 점을
강조할 필요가 있겠다.

이상한 일이다. 그의 고발은 정의로운 것이었는데, 왜
정의를 추구하겠다는 목적으로 형성된 네트워크 친구들의
80퍼센트가 떨어져나가야 한단 말인가? 바로 여기에 이
세상의 비밀, 특히 한국 사회의 비밀이 숨어 있다. 미국 생
물학자 에드워드 윌슨이 잘 지적했듯이, "현대의 집단도 심
리적으로는 원시 역사 속 부족들과 같다". 왜 그렇다는 것
인지 윌슨의 말을 좀더 들어보자.

"인간의 두뇌는 지리적으로 좁은 공간, 제한된 친족
의 범위, 자녀와 손자로 한정된 혈연까지만 헌신하도록 진

화했다. 반면 멀리 떨어져 있는 가능성에 대해서는 무시하려는 성향이 강하다. 이러한 본능은 구석기시대부터 지금까지 이어져 우리의 유전자에 깊이 뿌리내렸다. 그 이유는 수십만 년의 세월 동안 친족과 친구의 작은 원 속에서 단기적이고 구체적인 이익에만 집중한 사람들이 더 오래 살아남고 더 성공적으로 자식을 번식시켰기 때문이다."

얼마든지 이해할 수 있고 수긍할 수 있는 말이다. 대부분의 사람들이 그렇게 살아간다. 보통 사람들이 정의를 추구하는 사람들을 높게 평가하는 것은 그들이 그런 유전자의 명령이나 유혹에 저항하려고 애쓰기 때문이다. 누구나 동의하겠지만, 정의를 추구하는 사람들은 무엇보다도 공사公私 구분을 엄격하게 해야 한다. 자신과 친하다거나 같은 편의 사람이라고 해서 다른 평가 기준이나 잣대를 적용해선 안 된다. 물론 내로남불도 한사코 거부해야만 한다.

'조국 사태'는 한국 시민운동권에서 그런 당위나 원칙이 신화였다는 걸 폭로하고 말았다. 정의롭고 고매할 것처럼 보였던 진보 명망가들의 집단이 동네 계모임과 다를 바 없는 친목적 이익 집단에 불과했다는 걸 보여준 것이다.

그들이 잠자코 평범하게 살았다면 문제될 게 없었겠지만, 문제는 그들이 늘 사회를 향해 정의로운 율법과 도덕을 설교해온 사람들이었다는 점이다.

물론 드물게나마 김경율처럼 철저한 언행일치를 한 사람들도 있었다. 그렇지 못한 사람들은 자신이 위선자가 아니라는 걸 증명하기 위해선 김경율을 부정해야만 했다. 그래서 그의 곁에서 떨어져나갔을 게다. 이럴 때에 많이 쓰는 변명이 '인간적'이라는 말이다. 자신들은 인간적이고 김경율은 인간적이지 않았다는 주장인 셈인데, 정의 실현을 목표로 내세운 시민운동가들이 무슨 그런 엉뚱한 핑계를 대는지 알다가도 모르겠다.

물론 김경율을 부정하면서 진심으로 자신은 위선자가 아니라고 믿는 사람도 많을 게다. 이들의 믿음은 존중해야 하겠지만, 부족주의의 영향을 받았으면서도 그걸 느끼지 못하는 게 부족주의의 작동 메커니즘에 내재되어 있다는 걸 이해하는 것도 좋을 것 같다. 미국 예일대학 로스쿨 교수 에이미 추아가 『정치적 부족주의』(2018)라는 책에서 그걸 잘 지적했다. 그는 "어느 집단이건 일단 속하고 나면 우리의 정체성은 희한하게도 그 집단에 단단하게 고착된다"며 다음과 같이 말한다.

"부족주의는 사람들로 하여금 자기 집단이 헌신하는 목표에 유리한 방식으로 세상을 보게 만들어서 현실을 대대적으로 왜곡할 수 있다. 또 집단 정체성은 순응의 압력을 일으켜 사람들이 혼자서는 상상해본 적도 없는 일들을 하게 만든다. 개인의 책임은 집단 정체성으로 녹아들고 집단 정체성에 의해 부패한다. 그렇게 해서 잔혹하고 끔찍한 행동을 찬양하고 그런 행동에 가담하는 것이 가능해진다."

『정치적 부족주의』가 부족주의에 관한 이론서라면, 김경율의 책은 한국형 부족주의에 대한 투쟁의 기록이다. 심각하고 비극적인 이야기인지라 얼굴빛을 좀 어둡게 하고 읽는 게 옳겠지만, 나는 그런 예의를 챙기진 못했다. 너무 재미있어서 흥미진진하게 읽은 탓이다.

평소 지면을 통해 잘 알던 유명 진보 인사들이 정치적으로 이상한 주장을 해서 도무지 이해할 수 없었는데, 이 책을 읽으니 의문이 풀렸다. 이런 재미를 어디에서 누릴 수 있겠는가? 그래, 우리 모두 너무 심각하게 살진 말자. 공공

영역에서 한국형 부족주의에 대한 도전도 재미있게 해야
우리가 더 많은 진짜 의인을 볼 수 있을 테니 말이다.(『UPI
뉴스』, 2022년 9월 26일)

분노와 증오의 블랙홀을 넘어서

"국민의힘이 특정 언론사 사진기자의 실명을 거론하고 관련
법규까지 예시하며 응분의 조치를 하겠다고 한 것은 언론
과 기자에 대한 겁박과 다르지 않으며 언론의 취재 활동을
위축시키고 국민의 알권리를 심각하게 침해하는 것이다."

　　국회 사진기자단이 9월 21일 발표한 성명서다. 국민
의힘 미디어국이 전날 "정진석 비대위원장과 유상범 의원
의 오래전 대화를 마치 오늘 대화한 내용처럼 보도한 『노
컷뉴스』 아무개 기자의 보도는 명예훼손과 업무방해, 정보
통신망법 위반에 해당한다"며 "정확한 사실 관계 확인 없
이 허위의 내용이 보도된 데 대해 강한 유감을 표시하며 곧
응분의 조치를 취할 예정"이라는 내용의 보도자료를 낸 것

에 대한 대응이었다.

　다음 날인 22일엔 한국기자협회가 "알아서 움직이는 검찰, 이대로 괜찮은가?"라는 제목의 성명을 발표했다. 대선 정국이던 2021년 10월 27일 '윤석열 대통령 40년 지기' 황하영(당시 동부산업 대표) 씨를 만나러 동해 사무실을 방문했던 『UPI뉴스』 기자 2명을 검찰이 거의 1년이 다 되어가는 시점에서 '공동주거침입죄'를 적용해 기소한 것에 대한 대응이었다. 성명의 주요 내용은 다음과 같다.

　"이렇게 알아서 눈치껏 움직이는 검찰이 득세할수록 대한민국 언론 자유 지수는 추락할 수밖에 없다. 이는 대통령이 바라는 바도 아닐 것이다. 국정 운영에 부담만 준다는 것을 삼척동자도 알 수 있는데 검찰만 모르고 있다는 것이 개탄스러울 뿐이다. 이번 사건은 『UPI뉴스』만의 문제가 아니다. 한국기자협회는 이번 사건을 언론 탄압으로 규정하고, 향후 언론 활동을 위축시키는 검찰과 정권의 움직임에 단호히 대응할 것이다."

　비교적 작은 사건일망정 나는 이 두 사건을 보면서 "이게 이렇게까지 갈 일인가?"라는 의아심을 떨치기 어려웠다. 불신과 반감, 분노와 증오가 폭발하고 있는 한국 사회의 살벌한 풍경과 무관치 않을지도 모른다는 생각마저 들었다. 때마침 나는 최근 번역·출간된 미국 언론인 아만다 리플리의 『극한 갈등: 분노와 증오의 블랙홀에서 살아남는 법』이라는 책을 읽고 있었다. 물고기가 물의 존재를 느낄 수 없듯이, 분노와 증오의 블랙홀에 빠진 사람들은 그걸 깨닫기 어렵다. 그러니 비슷한 처지의 다른 나라에서 벌어지는 일들을 보면서 혀를 끌끌 차는 게 그런 깨달음을 갖는 데에 도움이 될 수 있겠다.

리플리는 미국 사회가 휩쓸려 들어간 분노와 증오의 블랙홀에 대해 이렇게 말한다. "민주당 지지자와 공화당 지지자의 절반은 상대 측이 뭔가를 잘 모른다고 생각하는 게 아니라 아예 무섭다고까지 느꼈다. 미국인은 그동안 수많은 정치적 사안에 합의를 이뤄냈으면서도 정치 성향에 따라 상대 진영을 인간 이하의 존재로 인식하기 시작했다."

미국의 '건국의 아버지들'은 200여 년 후에 벌어질 그런 미래를 내다보았던가 보다. 초대에서 4대에 이르는 대통령들(조지 워싱턴, 존 애덤스, 토머스 제퍼슨, 제임스 매디슨)은 모두 정당에 대해 격렬하게 반대했다. 애덤스는 "정당은 정치에서 가장 심각한 악이다"고 했고, 제퍼슨은 "정당에 대한 충성은 자유롭고 도덕적인 인물이 처할 수 있는 가장 타락한 상태다"고 했다.

그럼에도 이렇다 할 다른 대안이 없어 그들은 어쩔 수 없이 정당정치를 하게 되었지만, 이들이 가장 우려한 건 인간의 부족주의 본능이었다. 매디슨은 "다수건 소수건, 타인의 권리와 공동체 전체의 영속적인 이해에 반하는 공동의 열정이나 이익을 기반으로 시민들이 뭉치게 되는 사태"를 우려했는데, 이 우려는 해소되지 않은 채 오늘날까지 미국 정치를 괴롭히는 고질병이 되었다.

미국의 대통령제를 그 원흉으로 지목할 수도 있겠지만, 정도의 차이일 뿐 미국만 그런 것도 아니다. 독일 대통령 프랑크발터 슈타인마이어는 2018년 한 대담 행사에서 독일 사회가 처한 현실에 대해 이렇게 개탄했다. "우리는 지금 영구적인 분노를 경험하고 있습니다. 사회 전체가 격노 상태입니다. 독일에는 더이상 대화가 없습니다. 대신 큰 소리와 고함만 남았습니다."

우리는 이런 극한 갈등 상황에 대해 정치인의 책임을 묻지만, 오히려 기술의 책임을 묻는 게 더 나은 답일 수 있다. 다음 주장을 감상해보시라. "집단 간의 경쟁의식과 증오는 새로운 것이 아니다. 새로운 일은 기술의 발달로 이런 집단들이 서로 너무나 가까워져서 도저히 편히 지낼 수 없게 되었다는 사실이다. 인류는 이런 정신적, 도덕적 근접 상황에 어떻게 적응해야 할지를 아직 배우지 못했다."

오늘날의 디지털 혁명을 두고 한 말 같지만, 실은 약 70년 전 미국 심리학자 고든 올포트가 한 말이다. 인류는 70년 전의 기술 발달로 인한 문제에 대해선 적응법을 배웠지만 그 시절엔 상상도 할 수 없었던 새로운 기술이 가져온 심대한 변화엔 아직 적응하지 못한 채 질질 끌려다니고 있다. 리플리는 무엇보다도 소셜미디어의 문제점을 다음과 같이 지적한다.

"소셜미디어의 가장 큰 위험은 그것이 갈등을 격화시킨다는 것이다. 소셜미디어는 원래 우리에게 즉각적인 반응을 부추기고 시간과 공간을 앗아가도록 만들어진 것이다. 그런 점에서 소셜미디어는 자동화기와 같다. 따로 장전

할 필요도 없으므로 가까운 사람들이 나를 제지하거나 제정신을 차리도록 도와줄 새도 없이 일이 저질러진다."

기존 미디어와 전통적 언론은 그렇게 저질러지는 자동화기의 난사에 굴복해 그걸 일용할 양식과 같은 콘텐츠로 애용하고 있고, 여론조사업체들은 휘발성이 강한 즉각적인 반응들을 행여 날아갈세라 수시로 '과학'의 이름을 앞세운 여론조사로 채집해 판매하느라 여념이 없다. 분노와 증오의 블랙홀에 생계를 의탁한 집단이 많아지면서 우리는 모두 알게 모르게 그런 블랙홀을 만드는 걸 당연하게 생각하는 것처럼 보인다.

그런 상황에서 기승을 부리고 있는 게 이른바 '가차 저널리즘gotcha journalism'이다. 일명 "너 딱 걸렸어 저널리즘"이라고도 한다. 이는 언론이 주로 수익 증대를 위해 갈등과 스캔들에 초점을 맞춰 보도하려는 경향에서 비롯된 것으로, 유명인의 실수나 해프닝을 꼬투리 삼아 집중적으로 반복 보도하는 행태를 가리키는 말이다. 그런데 이 '가차 저널리즘'이 실수가 잦은 독특한 유형의 대통령 부부를 만나면서 정치 저널리즘의 기본 모드로 승격된 게 아닌가 하는 생각마저 들 정도다.

　이미 '실수 많은 대통령 부부'라는 프레임이 강고하게 형성되어 있는지라 이 프레임에 편승하려는 정파적 시도가 왕성하게 이루어지면서 그 유례를 찾아보기 어려울 정도의 '대통령 부부 때리기'가 범국민적 유희로 소비되고 있다. 원인 제공자인 대통령 부부에게 모든 책임을 묻는 건 일견 타당하지만, 원래 '가차 저널리즘'도 그럴 만한 근거가 있어서 나오게 된 게 아니던가?

　"너 딱 걸렸어"가 전 사회적 차원에서 성행하다 보면 딱 걸린 게 아님에도 딱 걸렸다고 주장함으로써 갈등을 극한으로 몰고 가 모두를 불행하게 만드는 비극이 발생하기도 한다. 이 글 첫머리에 소개한 두 사건도 바로 그런 경우가 아닌가 싶다. 갈등을 빚는 양쪽이 소통과 타협의 가능성을 전면 부정하면서 자꾸 "너 딱 걸렸어"만 경쟁적으로 외치다 보면 어떤 일이 벌어질지 우리 모두 한 번쯤 진지하게 생각해보면 좋겠다. 나는 국민의힘과 검찰 모두 어떻게 하는 게 정녕 윤석열 정권에 더 도움이 되고, 사회 전체에 더 유익할지 고민하면서 슬기로운 판단을 내려주길 바란다.

정치학자 리 드러트먼은 "우리에게 필요한 것은, 세상을 양자 구도로 보는 본능을 무너뜨리는 정치다"며 "그것은 유연한 정치 연합을 유지하여 적과 동맹이 수시로 바뀔 수 있는 정치를 말한다"고 주장한다. 리플리는 이 주장을 받아 다음과 같이 제안한다.

"정치 외의 분야도 마찬가지다. 협력이 중요한 분야에서는 집단 간의 관계를 유연하게 관리하는 것이 중요하다. 승자와 패자, 내부자와 외부자를 뚜렷이 구분하는 구도를 피해야 한다. 가능한 한 성격이 다른 그룹을 섞어서 운영하는 지혜를 발휘해야 한다."

그렇다. 기존 이분법 구도는 거대한 사기극이다. 우리 모두를 위한 타협과 협력의 의지가 충만한 사람들을 둘로 쪼개 나라 망치기에 딱 좋은 분노와 증오의 블랙홀만 키워서 좋을 게 무엇이 있겠는가? 우리 모두 각자 가진 소신과 신념을 좀 유예하면서 타협과 협력의 길로 나아가는 대전환을 이루길 소망한다.(『경향신문』, 2022년 9월 28일)

김의겸의 '지라시 저널리즘'

8월 18일 법무부 대회의실에서 열린 '안양법무시설 현대화 및 안양교도소 이전 사업 업무 협약식'에서 법무부 장관 한동훈과 지역구가 안양인 민주당 의원 이재정이 악수하는 모습이 보도되었다. 그런데 약 한 달 후인 9월 13일 민주당 대변인 김의겸이 유튜브 '박시영TV'에 나와 이상한 이야기를 했다.

김의겸은 이재정에게 들은 이야기라며 "(한 장관과) 일부러 안 마주치고 멀찌감치 떨어져 있다가 엘리베이터 타고 가려고 했는데, 한 장관이 거기를 쫓아왔다고 한다"고 말했다. 이어 "한 장관이 인사를 하며 악수하려고 손을 내밀어 이 의원은 최소한의 격식을 갖춰 인사했는데, 그 장면을 뒤에서 카메라가 찍고 있었다고 한다"고 했다. 김의겸은 몇 시간 뒤 법무부 홈페이지에 '진영 논리 넘어서 협치 나선 한 장관'이라는 보도자료가 올라왔다며 "대단히 기획되고 의도된 치밀한 각본"이라고 주장했다. 김의겸은 16일 유튜브 '김어준의 다스뵈이다'에서도 같은 주장을 펼쳤다.

그러나 당시 공개된 현장 영상을 보면 한동훈과 이재정이 악수한 곳은 엘리베이터 앞이 아닌 업무 협약이 이루어진 회의실이었다. 두 사람은 참석자들이 다 같이 박수치며 서로 인사하는 상황에서 자연스럽게 악수했다. 먼저 손을 내민 사람은 이재정이었다. 한동훈은 "(업무 협약에) 참석도 안 한 김 의원이 방송에 출연해 사실과 전혀 다른 허위 사실을 반복해 말씀하시니 유감"이라고 했지만, 나는 '참담한 비극'이라는 생각이 들어 우울했다.

나는 2022년 1월에 출간한 『좀비 정치』라는 책에 쓴 「김의겸, 왜 '피 맛' 운운하며 흥분하는 걸까?」라는 글에서 김의겸에게 "'적대'와 '증오'보다는 '타협'과 '화합'을 이룰 수 있는 방향으로 의정 활동을 해주시길" 호소하면서 이렇게 말한 바 있다. "김의겸이 기자 시절에 했던 탐사 보도를 원용해 '탐사 정치'를 하려는 게 아니라면 '폭로 전문' 정치인을 자신의 브랜드로 삼는 건 다시 생각해볼 일이다. 특히 후배 기자들에게 누를 끼쳐가면서까지 할 일은 아니다."

그러나 그에겐 그럴 뜻이 전혀 없었던 것 같다. '폭로 전문'이 나쁜 건 아니지만, 문제는 그의 폭로가 정확도가 크게 떨어지고 가십 위주의 무책임한 '지라시' 수준에 머물러 있다는 점이다. 이걸 '지라시 저널리즘'이라고 불러야 하는 건지 매우 당혹스럽다.

2021년 12월 몇 건의 김건희 관련 기사들이 큰 화제가 되자, 김의겸은 취재 기자들에게 전화를 걸어 2차 취재를 한 후 사실을 부풀리거나 왜곡해 논란을 불러일으켰다. 한 사례를 보자. 당시 김의겸과 통화를 했던 어느 기자는 "우리는 보도하지 않을 내용이고 보도할 거리가 안 된다고 분명히 이야기했는데 김 의원이 〈(김어준의) 뉴스공장〉에서 이야기를 해버렸다"고 밝혔다. 그는 "김 의원은 기자 시절부터 잘 아는 분이었고 가까웠기 때문에 경계 없이 이야기했다"며 "김 의원이 공개적으로 그런 이야기를 한 것에 유감이다. 김 의원에게 항의했고 사과를 받았다. 나 역시 김건희 씨에게 사과의 뜻을 전했다"고 밝혔다.

나는 『좀비 정치』에서 이런 사례들을 소개하면서 "올곧고 의로운 언론인이었던 김의겸이 어쩌자고 이렇게까지

'타락'했는지 보기에 정말 딱하다"고 했다. 이럴려고 정치인이 된 건 아니었을 텐데, 나는 지금도 그의 이상한 변신이 도무지 믿기질 않는다. 그의 변신을 '참담한 비극'으로 보는 내가 무언가 잘못 생각하고 있는 건지 아니면 무언가 잘못 알고 있는 게 있는 건지 부디 가르침을 주시면 고맙겠다.(『시사저널』, 2022년 10월 11일)

왜 졌는지도 모르는 사람들

김대중·노무현 민주정부 10년의 신자유주의적 정책이 불평등을 키웠다. 누구나 한 번쯤은 들어보았을 비판일 게다. 특히 진보 진영 내부에서 많이 나온 비판이다. 그런데 과연 그런가? 그 10년간 불평등이 증가한 것은 사실이지만, 그 이유가 정말 민주정부 10년 때문이고 신자유주의적 정책 때문이란 말인가?

민주당 정책통으로 민주연구원 부원장을 지낸 신성장경제연구소 소장 최병천은 최근 출간한 『좋은 불평등』

에서 그건 잘못된 속설이라며 "진짜 이유는 중국의 급성장과 한국 대기업의 수출 대박 때문이었다"고 말한다. 대부분의 사람은 "수출=좋은 것, 불평등=나쁜 것"이라고 생각하지만, 수출이 잘되면 불평등이 커지고 수출이 작살나면 불평등이 줄어든다는 것이다. 독자들께서 이 책을 직접 읽어보실 걸 권하는 뜻에서 왜 그렇게 되는지 자세한 설명은 건너뛰겠다.

이 책은 이처럼 '한국 경제 불평등에 관한 기존의 잘못된 통념 뒤집기'를 시도하는데, 신선하거니와 흥미진진하다. '통념 뒤집기' 사례를 하나 더 감상해보자. 일부 보수 언론은 문재인 정부의 소득 주도 성장 정책이 '좌파적' 정책이어서 실패했다고 공격했다. 소득 주도 성장 정책이 실패했다는 진단엔 동의하지 않을 사람들이 있겠지만, 2022년 대선에서 컷오프를 통과한 민주당 경선 후보 6명 중에 소득 주도 성장론을 계승하겠다는 사람은 단 한 명도 없었다는 것도 분명한 사실이다.

소득 주도 성장 정책의 실패를 인정하는 최병천이 주목하는 건 실패의 이유다. 그게 '진짜 하층'을 위한 정책이 아니었기 때문이라는 것이다. 그는 "한국 사회의 진짜 하층은 노동조합 조합원 중에 있지 않다"며 "진짜 하층은 오히려 대한노인회 회원 중에 압도적으로 많이 몰려 있다"고 말한다. 그는 한국의 실제 불평등 구조와 진보 세력이 인식하는 계급론의 틀이 부조화를 이루고 있음에도 진보 세력은 비노동(노인)을 하나의 계급으로 이해하지 못한 채 '진짜 하층'과 대면하지 못하고 있다고 지적한다.

최병천은 그런 문제의식의 연장선상에서 한국 대기업의 성공 원인을 '약탈'의 결과로 보는 기존 시각에도 강한 이의를 제기한다. 정경유착과 정권의 특혜, 협력 업체에 대한 불공정 거래만으로는 삼성전자를 비롯한 한국 대기업들이 '글로벌 차원'에서 성공한 것을 설명할 수 없다는 이야기다. 그는 상층이든 하층이든 '상향 이동'을 도와주는 것이 필요하다고 역설한다. 상층이 더 경쟁력을 갖출 수 있도록 도와주는 것에 반대하는, 강한 자를 누르고 약한 자를 도와주는 억강부약抑强扶弱 시각에 대해 다시 생각해보자는 주장이다.

최병천의 이런 일련의 '통념 뒤집기'에 반론을 펼 사

람이 많을 게다. 아니 많아야 한다. 무엇보다도 문재인 정부의 소득 주도 성장을 지지했던 사람들은 과연 무엇이 잘못된 건지 알고 싶어 하지 않을까? 아니면 소득 주도 성장은 성공했다는 반론을 듣고 싶어 하지 않을까? 그러나 그런 논쟁은 거의 없다. 민주당은 다시 전의를 불태우면서 윤석열 정부에 대한 비판과 공격에만 치중할 뿐 자신들이 과거에 했던 주장엔 아무런 오류가 없었다는 듯 그 어떤 성찰의 말도 하지 않는다.

서로 편을 갈라 싸우는 기존 '진영 전쟁' 모델이 어느 정도 불가피하다고 하더라도, "상대편이 잘못해서 이기는 것"과 "우리가 잘해서 이기는 것" 사이에서 최소한의 균형은 필요한 게 아닐까? 최병천은 최근 『경향신문』에 기고한 칼럼에서 "지난 대선에서 국민들은 윤석열 국민의힘 후보가 '1일 1망언'을 하는지 알고도 그를 뽑았다. 왜 그랬을까? 민주당과 민주당 대선 후보가 더 걱정됐기 때문이다"고 했다. 이어지는 말을 더 들어보자.

"민주당과 이재명 대표에게 필요한 것은, '더 왼쪽으로' 가거나, '더 많은' 현찰을 나눠주는 게 아니다. 실제로 지난 대선 시기 민주당이 자체 발표한 여론조사에 의하면, 2030세대의 65%가 기본소득을 반대했다. 현재 민주당과 이 대표에게 필요한 것은 '더 신뢰감을 주는' 정책 행보다."

탁견이다. 평범한 상식으로 여겨져야 마땅하겠건만, 민주당엔 대선에서 왜 졌는지도 모르는 사람이 많은 탓에 탁견이 되고 말았다. 민주당은 여전히 '윤석열 때리기'에만 집중할 뿐 '더 신뢰감을 주는' 정책 행보엔 별 관심이 없는 것 같다. 오히려 공격을 위해 신뢰를 훼손하는 일마저 하고 있는 건 아닌지 살펴볼 필요가 있겠다. 상대편에 대한 증오와 내부의 '충성 경쟁'이 신뢰를 가볍게 여기도록 만들었을까? 많은 유권자가 염증을 낸 민주당의 내로남불은 바로 신뢰의 문제임을 직시하면 좋겠다.(『한겨레』, 10월 17일)

머리말 '퇴마 정치'를 하는 나라

1   그는 이어 이렇게 말했다. "대중운동의 힘은 대개 악마가 얼마나
     선명하며 얼마나 만져질 듯 생생하느냐에 비례한다. 히틀러는 유
     대인을 반드시 멸망시켜야 하느냐는 질문에 이렇게 답했다. '아니
     오.……그랬다가는 그들을 발명해야 할 것이오. 그저 추상적인 적만
     이 아니라, 유형의 적이 필수 요건이오.'"에릭 호퍼(Eric Hoffer), 이
     민아 옮김, 『맹신자들: 대중운동의 본질에 관한 125가지 단상』(궁
     리, 1951/2011), 137쪽.

제1장   '윤석열 악마화'라는 마약에 중독된 민주당

1   에릭 호퍼(Eric Hoffer), 이민아 옮김, 『맹신자들: 대중운동의 본질
     에 관한 125가지 단상』(궁리, 1951/2011), 137쪽.
2   원선우·김영준, 「"입으로만 부르짖는 공정·정의…진보 꼰대들의
     위선이 역겹다"」, 『조선일보』, 2019년 8월 26일, A1면; 원선우·
     김영준, 「親與 인사 "조국을 먹잇감으로 넘기는 자는 敵"」, 『조선일
     보』, 2019년 8월 26일, A8면.

3   이송렬, 「조국, 법무부 장관 '부적합' 의견 48%」, 『한경닷컴』, 2019년
     8월 25일; 김경필, 「"조국, 법무부 장관에 부적합" 48%…"적합"은
     7일 만에 42%→18% 급락」, 『조선일보』, 2019년 8월 26일, A8면.

4   임장혁·이우림, 「[중앙일보 긴급 여론조사] 조국 찬성 27%, 조국
     반대 60%」, 『중앙일보』, 2019년 8월 26일, 1면.

5   김원철, 「'조국 사퇴' 서울대생 시위에…유시민 "한국당 패거리들 어
     른거려"」, 『한겨레』, 2019년 8월 29일, 22면; 송윤경, 「유시민 "조
     국 촛불 집회 뒤에 한국당 어른어른…난 장관 임명 때 반대 65%였
     다"」, 『경향신문』, 2019년 8월 29일; 박태근, 「"조국 사태는 집단
     창작" 유시민 '촛불 집회 학생·기자·검찰' 싸잡아 조롱」, 『동아닷
     컴』, 2019년 8월 29일.

6   채혜선, 「"유시민 오버 말라" 박용진 발언에, 전재수 "자네나"」, 『중
     앙일보』, 2019년 9월 1일.

7   김동하, 「왕따 된 與 박용진」, 『조선일보』, 2019년 9월 2일, A5면;
     강찬호, 「"박용진, 할 말 했는데 낙천시키면 공산당이지"」, 『중앙일
     보』, 2019년 9월 5일, 28면.

8   박정엽, 「[한국갤럽] 조국 반대 57% vs 찬성 27%…수도권·PK·20
     대서도 '반대'가 '찬성' 2배 넘었다」, 『중앙일보』, 2019년 8월 30일.

9   김민웅, 「정치 검찰의 '조용한 쿠데타'인가?」, 『프레시안』, 2019년
     8월 29일.

10   최원국·강다은, 「거리로 나온 親與 400여 명 "친일파로부터 조국
     후보자 수호"」, 『조선일보』, 2019년 8월 31일, A3면.

11   최민우, 「[분수대] 한국 언론과 조리돌림」, 『중앙일보』, 2019년 9월
     5일, 31면.

12   박홍두·조형국, 「"항명" "쿠데타" "미처 날뛰는 늑대"…당청, 검찰
     비난 총공세」, 『경향신문』, 2019년 9월 7일, 4면.

13   박사라, 「"정권이 2030 버렸다" "윤 물러나야"…SNS서도 조국 후
     폭풍」, 『중앙일보』, 2019년 9월 10일.

14   윤성민, 「조국 임명 반대 여론 추석 뒤 더 커졌다」, 『중앙일보』,
     2019년 9월 17일, 8면.

15 김민웅, 「단두대가 된 언론, 그 언론의 머리가 된 검찰」, 『프레시안』, 2019년 9월 18일.

16 김형구, 「진중권, 정의당 탈당계 제출 "조국 데스 노트 제외 실망"」, 『중앙일보』, 2019년 9월 24일, 2면.

17 홍수민, 「공지영, 진중권에 독설 "좋지 않은 머리…돈 주면 개자당 갈 듯"」, 『중앙일보』, 2019년 9월 24일.

18 유병훈, 「유시민 "정경심 PC 반출은 증거인멸 아닌 보존용"」, 『조선일보』, 2019년 9월 24일.

19 배재성, 「유시민 "'논두렁 시계'보다 심각…檢, 전두환 신군부와 비슷한 정서"」, 『중앙일보』, 2019년 9월 29일.

20 김은중·강다은, 「200만 명 집결? 모두 서서 집회장 꽉 채워도 최대 13만 명」, 『조선일보』, 2019년 9월 30일, A10면.

21 김보연, 「여야, 장외 대결 격화…"민란이 검란 제압" vs "조작 정권 이성 잃어"」, 『조선일보』, 2019년 9월 29일.

22 손덕호, 「'서초동 촛불 집회 200만 왔다'더니…與 "숫자가 중요한 게 아니다"」, 『조선일보』, 2019년 10월 2일.

23 박현익, 「김기창 고대 로스쿨 교수 "윤석열, 비겁하고 비굴한 깡패"」, 『조선일보』, 2019년 10월 10일.

24 김동하, 「與 지도부 "서초동은 국민 집회, 광화문은 동원·폭력 집회"」, 『조선일보』, 2019년 10월 5일, A3면.

25 한영익·이우림, 「文 대통령 지지율 32% 취임 후 최저…"조국 임명 잘못" 54%」, 『중앙일보』, 2019년 10월 9일, 2면.

26 강성규, 「"조국, 물러나야" 55.9%…"장관 유지해야" 40.5%」, 『뉴스1』, 2019년 10월 14일.

27 안준용, 「親文, 조국 사퇴에 "여당 뭐했나? 이해찬 사퇴하라"」, 『조선일보』, 2019년 10월 15일, A6면.

28 조국, 『조국의 시간: 아픔과 진실 말하지 못한 생각』(한길사, 2021), 275~276쪽.

29 박홍두, 「'조국 사퇴 잘한 결정' 62%…'잘못한 결정' 28%」, 『경향신문』, 2019년 10월 16일.

30 김동춘, 「'검찰·언론, 선출되지 않은 권력의 카르텔' 끊어내야 한다」, 『한겨레』, 2019년 10월 18일, 5면.

31 윤수정·강다은, 「親文 시위대, 법원엔 밤새 욕설…기자엔 위협」, 『조선일보』, 2019년 10월 25일, A10면.

32 정우상, 「윤석열 상대로 링에 올린 '예측불허 파이터'」, 『조선일보』, 2019년 12월 6일, A5면.

33 조백건·임규민, 「文 절친 당선에 결정적 첩보, 文 복심이 경찰에 내려보냈다」, 『조선일보』, 2019년 11월 28일, A3면.

34 조국, 『조국의 시간: 아픔과 진실 말하지 못한 생각』(한길사, 2021), 332쪽.

35 박사라, 「文 정권 수사 '윤석열 측근' 죄다 잘랐다…추미애 '1·8 대학살'」, 『중앙일보』, 2020년 1월 8일.

36 「[사설] 산 권력 수사 중인 검찰총장 수족 다 자른 '檢 인사 폭거'」, 『동아일보』, 2020년 1월 9일.

37 한영익·강광우, 「대학살 다음 날…이낙연까지 윤석열 협공」, 『중앙일보』, 2020년 1월 10일, 1면.

38 최형창, 「윤석열 "세계일보 조사 아니었으면 여기까지도 안 왔다"」, 『세계일보』, 2021년 6월 30일.

39 김아진, 「범여 비례후보 황희석 "조국은 조광조, 윤석열 간신"」, 『조선일보』, 2020년 3월 23일, A1면.

40 노정동, 「최강욱 "윤석열 부부, 공수처 수사 대상 1호"」, 『한경닷컴』, 2020년 3월 30일.

41 이지율, 「최강욱 "세상 바뀌었다는 걸 확실히 느끼게 갚아주겠다"」, 『뷰스앤뉴스』, 2020년 4월 18일.

42 박준규, 「윤석열 히틀러에 빗댄 우희종…진중권 "역설이다"」, 『국민일보』, 2020년 4월 29일.

43 이광수, 『악마와 싸워서 이기는 정치: 조국 대전에서 21대 총선까지』(진인지, 2020), 11쪽.

44 이광수, 『악마와 싸워서 이기는 정치: 조국 대전에서 21대 총선까지』(진인지, 2020), 102쪽.

45 박상기, 「진중권, '윤석열 비판' 김용민에 "똘마니, 사상 최악 국회의원"」, 『조선일보』, 2020년 6월 22일.

46 조형국·심진용, 「장관인가, 당대표인가…추미애 언행 논란」, 『경향신문』, 2020년 6월 27일, 3면.

47 박상기, 「왜지? 추미애 장관이 거친 발언을 쏟아내는 까닭」, 『조선일보』, 2020년 6월 27일, A4면.

48 이정은, 「최강욱 "오만한 정치 검찰, 어이없는 조폭 검사들의 쿠데타"」, 『한국일보』, 2020년 7월 3일.

49 최경운, 「민주당 경선도 수사…與 "윤석열은 건달 두목"」, 『조선일보』, 2020년 7월 3일, A6면.

50 주희연, 「김근식 "윤석열이 개? 그럼 임명한 대통령도 개냐"」, 『조선일보』, 2020년 8월 17일.

51 김경필, 「"강단 있다" 여권서 터져 나온 추미애 찬가」, 『조선일보』, 2020년 10월 21일, A6면.

52 이범우, 『희생양 박해와 서초동 십자가: 조국 사건, 집단 폭력과 희생양 메커니즘』(동연, 2020), 360~361쪽.

53 김민웅, 「추천의 글」, 이범우, 『희생양 박해와 서초동 십자가: 조국 사건, 집단 폭력과 희생양 메커니즘』(동연, 2020), 13~14쪽.

54 김민웅, 「발문: 촛불 시민들, 민주주의 역사를 새로 쓰다」, 조국백서 추진위원회, 『검찰 개혁과 촛불 시민: 조국 사태로 본 정치 검찰과 언론』(오마이북, 2020), 11, 13쪽.

55 김진하, 「윤호중 "윤석열, 악마에 영혼 판 파우스트…정치 안 할 듯"」, 『동아닷컴』, 2020년 10월 26일.

56 강태화·오현석·윤성민, 「여당 "윤석열은 윤서방파 두목" 조폭 빗대 사퇴 압박」, 『중앙일보』, 2020년 10월 28일, 2면.

57 고동욱, 「與, 윤석열 '살아 있는 권력' 발언 맹공…"검찰 파쇼 주장"」, 『연합뉴스』, 2020년 11월 4일.

58 이해준, 「"檢 개혁 온몸 던진다" 이번엔 추미애 이순신에 빗댄 친여 학자」, 『중앙일보』, 2020년 11월 21일.

59 배재성, 「박재동 화백 '목 잘린 윤석열' 만평 논란…"풍자라기엔 섬

뜩"」,『중앙일보』, 2020년 11월 30일.

60 김경필, 「與 김경협, 윤석열 MB 수사 땐 "정의감 있다"…조국 건드리니 "적폐" "낯짝 두껍다"」,『조선일보』, 2020년 11월 28일.

61 선정민, 「"윤석열, 한국의 트럼프…하나회 척결하듯" 막 던지는 여권 인사들」,『조선일보』, 2020년 12월 1일.

62 정도원, 「대통령 지지율 30%대 급락에…진중권 "57.3%는 토착왜구?"」,『데일리안』, 2020년 12월 3일.

63 류호, 「정청래 "민주당 지지율 하락, 검찰 개혁 완수하라는 채찍"」,『한국일보』, 2020년 12월 3일.

64 김경필, 「국민 38%는 "추미애가 더 잘못"…"윤석열이 더 잘못"은 18%」,『조선일보』, 2020년 12월 3일.

65 김유민, 「"추미애 장관 재신임을 요구합니다" 하루 만에 20만 동의」,『서울신문』, 2020년 12월 19일.

66 김창균, 「문빠들이 계속 나대 주면 땡큐다」,『조선일보』, 2021년 5월 6일.

67 송혜진, 「황교익, 정경심 징역형에 "조국은 십자가 진 예수"」,『조선일보』, 2020년 12월 24일.

68 박국희, 「親조국 변호사, 정경심을 예수에 비유하다가 "내 책 사주시면"」,『조선일보』, 2020년 12월 27일.

69 박상기·주형식, 「'조국 수사는 검찰 쿠데타'라던 與…유죄에 당혹」,『조선일보』, 2020년 12월 24일, A2면.

70 이세영, 「진중권, 정경심 판결 규탄한 여권에 "단체로 실성"」,『조선일보』, 2020년 12월 23일; 조형국, 「판사 실명까지 거론하며 '좌표' 찍는 여당」,『경향신문』, 2020년 12월 25일, 5면.

71 박상기, 「친문, 정경심 재판 판사 신상 털며 "사법 사기꾼 손봐야"」,『조선일보』, 2020년 12월 25일.

72 「[사설] 법원 총공격에 나선 집권당, 삼권분립부터 새로 배워라」,『중앙일보』, 2020년 12월 25일, 30면.

73 정철운, 「'조국 백서' 후원회장과 '조국 흑서' 집필자, 정경심 판결에 엇갈린 반응」,『미디어오늘』, 2020년 12월 24일.

74   김도연, 「'맹비난' 김어준 "정경심 법정 구속, 정치인 조국 탄생 목격할 것"」, 『미디어오늘』, 2020년 12월 26일.

75   「[사설] 윤석열 탄핵 거론하는 여당…대통령의 사과는 뭔가」, 『중앙일보』, 2020년 12월 28일, 34면.

76   최경운, 「친문 "사법 쿠데타"…與 일각선 출구 찾기 고심」, 『조선일보』, 2020년 12월 26일, A2면; 정유정, 「최성해에 회유성 전화 의혹, 유시민·김두관 수사 가능성」, 『중앙일보』, 2020년 12월 28일, 4면.

77   최경운, 「친문 "사법 쿠데타"…與 일각선 출구 찾기 고심」, 『조선일보』, 2020년 12월 26일, A2면.

78   김승현, 「김어준, "일개 판사가…" "법적 쿠데타" 윤석열 판결에 막말 쏟아내」, 『조선일보』, 2020년 12월 25일.

79   이용수, 「57.5% "文 정권 검찰 개혁 취지 변질됐다"…'취지 부합' 답변의 2배」, 『조선일보』, 2021년 1월 1일, A5면.

80   노현웅, 「"검찰 개혁 취지 옳았지만 추진 절차·방법 무리" 42%」, 『한겨레』, 2021년 1월 1일, 5면.

81   이민석, 「1년 만에 사과한 유시민…검찰, 허위사실 유포 수사 속도내나」, 『조선일보』, 2021년 1월 22일.

82   김효성, 「추미애 "이재명·이낙연 구도 지루"…尹 사퇴하자 출마설 띄웠다」, 『중앙일보』, 2021년 3월 7일.

83   김은중, 「이해찬 "尹는 MB 키즈, 安은 뿌리 없는 조화, 尹은 깡패의 언어"」, 『조선일보』, 2021년 3월 17일.

84   이민석, 「추미애 "윤석열은 정치 검사, 민주주의 망치는 독초"」, 『조선일보』, 2021년 3월 26일.

85   이성택·이서희, 「추미애 "윤석열, 야당과 언론이 키운 기획 상품…'윤두사미' 될 것"」, 『한국일보』, 2021년 3월 29일.

86   예컨대, 한국사회여론연구소(KSOI)가 TBS 의뢰로 4월 23~24일 전국 성인 남녀 1,010명을 대상으로 한 '차기 대선 후보 적합도' 조사에서 윤석열 31.2퍼센트, 이재명 24.1퍼센트, 이낙연 11.1퍼센트, 홍준표 5.6퍼센트, 안철수 4.9퍼센트, 오세훈 4.7퍼센트, 정세

균 4.0퍼센트, 추미애·유승민 2.5퍼센트 등으로 나타났다. 김형원, 「윤석열 31.2%, 이재명 24.1%…핵심 지지층서 동반 하락」, 『조선일보』, 2021년 4월 26일.

87   이해준, 「"윤석열·전두환 평행이론"…김의겸은 글 쓰고 조국은 퍼 갔다」, 『중앙일보』, 2021년 5월 18일.

88   조국, 『조국의 시간: 아픔과 진실 말하지 못한 생각』(한길사, 2021), 345쪽.

89   권준영, 「"잡소리 그만하라"는 최강욱…"정치 검찰=코로나, 조국의 시간=백신"」, 『디지털타임스』, 2021년 6월 6일.

90   정진형, 「이광재 "윤석열·최재형, 탱크 동원만 안 한 연성 쿠데타"」, 『뉴시스』, 2021년 6월 28일.

91   김은빈, 「정청래 "尹 출마선언문 10원 가치 없어…장모에 폐만 끼칠 것"」, 『중앙일보』, 2021년 6월 29일.

92   배재성, 「與 "윤석열·최재형은 탈영병" 野 "독립 위해 탈출한 학도병"」, 『중앙일보』, 2021년 7월 1일.

93   김지영, 「정청래 "윤석열은 친일파?"…이수진 "반문 연대 본심은 친일 연대"」, 『머니투데이』, 2021년 6월 30일.

94   김명진, 「김어준, '죽창가' 비판한 尹에 "日 극우와 결을 같이하는 시각"」, 『조선일보』, 2021년 6월 30일.

95   김명일, 「"총장 사위 때문에 그동안 구속 피한 것" 與, '장모 실형' 尹 맹공」, 『조선일보』, 2021년 7월 2일.

96   이동준, 「민주 대선 후보들 '장모 유죄' 판결에 윤석열 맹폭」, 『세계일보』, 2021년 7월 2일.

97   오원석, 「추미애 '채널A 사건' 무죄에…"재판도 유착, 공수처 나서라"」, 『중앙일보』, 2021년 7월 17일; 김명일, 「검언 유착 무죄에 추미애 "尹의 집요한 수사 방해 탓, 공수처가 나서야"」, 『조선일보』, 2021년 7월 17일.

98   최훈민, 「정세균 캠프 정국교, 윤석열 반주 사진 올리며 "dog子" "신발놈"」, 『조선일보』, 2021년 7월 29일.

99   김명진, 「추미애 "정치 검사의 국민의힘 접수"…尹 입당 비판」, 『조

선일보』, 2021년 7월 30일.

100 손덕호, 「국민의힘 전격 입당 윤석열, 지지율 35.3%로 급등…이재명 23.2%」, 『조선비즈』, 2021년 8월 1일.

101 고석현, 「조국, 尹 때리기 "가정의 초토화 신조인 대통령 후보 등장했다"」, 『중앙일보』, 2021년 8월 3일.

102 박광연, 「추미애 '법무부 장관' 본색…윤석열에 "연성 쿠데타" "핸드폰 제출하라" 직격탄」, 『경향신문』, 2021년 9월 9일.

103 강윤주, 「윤석열을 나치에 빗댄 이재명 "서초동 엘리트들 이미 괴물"」, 『한국일보』, 2021년 9월 10일.

104 오현석·허진, 「與, 윤석열 향해 "깡패·괴물"…野, 의원실 압색에 "野 탄압"」, 『중앙일보』, 2021년 9월 10일; 이슬비, 「與 "윤석열은 정치 깡패, 검당 유착 특검해야"」, 『조선일보』, 2021년 9월 11일.

105 김효숙, 「조국 차량 닦는 지지자들…"의인 가족이 고통 겪어, 윤석열 인간 아니다"」, 『데일리안』, 2021년 9월 10일.

106 윤석열은 10월 19일 부산에서 "전두환 전 대통령이 군사 쿠데타와 5·18민주화 운동(당시 대응)만 빼면 정치는 잘했다고 하는 분들도 있다"며 "호남분들도 그런 이야기 하는 분이 꽤 있다"고 말해 논란을 빚었다. 그는 11월 10일 광주를 찾아 5·18민주묘지를 참배하고 해당 발언을 사과했다. 손덕호, 「정의당 "'전두환 경제 성과' 이재명 발언, 윤석열과 무슨 차이냐"」, 『조선비즈』, 2021년 12월 12일.

107 주희연, 「與, 국회 밖 '尹 일가 비리' 천막 제보소 출범…"지금도 제보 쏟아져"」, 『조선일보』, 2021년 11월 22일.

108 심새롬, 「"윤석열, 삐삐삐-" 효과음 범벅된 김어준의 '대선 후보 심리 분석'」, 『중앙일보』, 2021년 11월 26일.

109 권준영, 「최민희·황교익, '2분 침묵' 尹 맹비난 "주변에 최순실 그득 그득…지적 수준 바닥"」, 『디지털타임스』, 2021년 11월 23일.

110 남수현, 「"국민의힘은 전두환 후예…발목 잡으면 차고 간다" 호남 간 李」, 『중앙일보』, 2021년 11월 26일.

111 권오혁, 「이재명 "尹 무식-무능-무당"…윤석열 측 "李 무법-무정-무치"」, 『동아일보』, 2021년 11월 29일.

112 이가영, 「與 황운하 "尹 지지자, 대부분 저학력·빈곤층"…뭇매 맞자 사과」, 『조선일보』, 2021년 11월 29일.

113 홍인택, 「이재명, 호남서 윤석열 겨냥 "군사정권처럼 검찰 정권 안 돼"」, 『한국일보』, 2021년 12월 5일.

114 하수영, 「조국·추미애, 尹 선대위 겨냥? "검사 찌끄레기들뿐"」, 『중앙일보』, 2021년 12월 5일.

115 권준영, 「'친여' 황희석의 일갈 "윤석열 씨가 대통령이 되고 안 되고 이전에…"」, 『디지털타임스』, 2021년 12월 7일.

116 권준영, 「류근 시인, 윤석열 맹폭 "검찰총장 때려치고 대통령 되겠다고 뛰쳐나온 자가…"」, 『디지털타임스』, 2021년 12월 7일.

117 홍인택, 「'딴지'에 등판한 이재명 "전두환 존경하는 검찰 정권 나올지도"」, 『한국일보』, 2021년 12월 8일.

118 박재연, 「이재명, 윤석열 향해 "친일 넘어선 반역 행위" "조직 폭력배 하라" 맹공」, 『한국일보』, 2021년 12월 11일; 손덕호, 「정의당 "'전두환 경제 성과' 이재명 발언, 윤석열과 무슨 차이냐"」, 『조선비즈』, 2021년 12월 12일.

119 김명일, 「황교익 "尹은 토론 불가능한 자, 박근혜 수준…술상무가 적합"」, 『조선일보』, 2021년 12월 12일.

120 배성규, 「윤희숙 "여권의 이재명학 강의·칭송, 운동권식 주체사상 교육 하나"」, 『조선일보』, 2021년 12월 22일.

121 김명일, 「정청래 "'인간 이재명' 흐느끼며 읽어, 이토록 처절한 서사 있을까"」, 『조선일보』, 2021년 12월 13일.

122 양소리, 「'공수처' 평가, 부정 74.8% vs 긍정 18.1%…野 "폐지·개혁 논의할 것"」, 『뉴시스』, 2021년 12월 17일.

123 권준영, 「'친여' 황희석, 추미애 띄우며 윤석열 맹폭…"죄악 피하고자 '대통령질' 하나"」, 『디지털타임스』, 2021년 12월 14일.

124 권준영, 「'친문' 황교익, 윤석열 저격 글 하루에 12개 "정치의 'ㅈ'자도 모르는 인간이…"」, 『디지털타임스』, 2021년 12월 26일.

125 권준영, 「김민웅 전 목사, 尹·김건희 맹폭…"둘은 나라의 재앙, 기본이 안 된 인생 살아와"」, 『디지털타임스』, 2021년 12월 28일.

126 김은중, 「이재명 "국민을 개돼지 취급하는 사람들에 나라 맡기면 안돼"」, 『조선일보』, 2022년 1월 25일.

127 최지원, 「최강욱, 지지율 정체에 "노년 맹목적, 청년 화풀이" 유권자탓」, 『TV조선 뉴스9』, 2022년 1월 26일.

128 최하얀, 「윤호중 "윤석열 찍으면 김건희 대통령, 왕순실 시대 올것"」, 『한겨레』, 2022년 1월 25일.

129 조현호, 「이상민 "민주당 패거리 진영 논리 빠져…김건희 공격 지나치면 역효과"」, 『미디어오늘』, 2022년 1월 27일.

130 유재광, 「이해찬 "윤석열·김건희 끔찍, 선거 지면 조국처럼 멸문지화…이재명은 설렁탕"」, 『대전일보』, 2022년 1월 29일.

131 정재민·박주평, 「우상호 "文 퇴임 후 제대로 지킬 수 있는 후보는 이재명…尹 믿을 수 없어"」, 『뉴스1』, 2022년 2월 7일.

132 김기정, 「[단독 인터뷰] 尹, 집권 시 문 정부 적폐 청산 묻자 "해야죠, 해야죠, 돼야죠"」, 『중앙일보』, 2022년 2월 9일.

133 김아진, 「文, 윤석열에 사과 요구 "근거 없이 적폐로 몰아…강력한 분노"」, 『조선일보』, 2022년 2월 10일.

134 김명진, 「고민정, 盧 서거 거론하며 "尹, 2009년 비극 재연시킬 수 있어"」, 『조선일보』, 2022년 2월 10일.

135 손영하, 「이재명, '노무현 서거' 거론하며 "후회 반복할 건가"」, 『한국일보』, 2022년 2월 12일.

136 신은별, 「이재명 "더 이상 죽어선 안 돼"…'노무현'으로 진보 넘어 중도 노린다」, 『한국일보』, 2022년 2월 13일.

137 정아란, 「"'적폐 수사'…'잘못 있으면 해야' 56.3% '보복 수사 안 돼' 40.2%"」, 『연합뉴스』, 2022년 2월 13일.

138 김윤나영·김상범, 「이재명 "군사 독재처럼 검찰이 지배하는 나라 될 수도"」, 『경향신문』, 2022년 2월 16일.

139 이현상, 「피해의 기억만 있고 가해의 기억은 없다」, 『중앙일보』, 2022년 2월 17일.

140 김소정, 「"김건희가 국정 주무를 것" 여론조사 대표, 청년에 반말 훈계 논란」, 『조선일보』, 2022년 2월 28일.

141 이가영, 「"李는 이순신, 尹은 원균 같은 자" 역사 유튜버 황현필, 李 공개 지지」, 『조선일보』, 2022년 3월 1일.

142 권준영, 「황교익 폭탄 발언 파장…"윤석열은 日 이토 히로부미, 이재 명은 안중근"」, 『디지털타임스』, 2022년 3월 2일.

143 이지율, 「국당 "윤호중, 정신 상태 의심케 하는 음모론…대선 패배 직시했나"」, 『뉴시스』, 2022년 3월 4일.

144 권준영, 「'이재명 지지' 조성은, 윤석열 당선된 뒤 '박근혜 탄핵' 사 진 올리며 남긴 말」, 『디지털타임스』, 2022년 3월 10일.

145 하수영, 「류근 시인 "尹 당선, 청년·여성 얼마나 괴로워지는지 지켜 보자"」, 『중앙일보』, 2022년 3월 10일.

146 김성현, 「"尹 당선 땐 독재" 수업 중 비판 발언한 광주 교사에 학교 장 경고」, 『조선일보』, 2022년 3월 30일.

147 권준영, 「김민웅 목사 "文 정부, '정권 재창출' 실패 참담…'촛불 혁 명' 대의 충실치 않은 결과"」, 『디지털타임스』, 2022년 3월 13일.

148 권준영, 「황교익, 文 극찬하며 尹에 '악담' 퍼부어…"MB·朴 합쳐놓 은 시대 놓여 있어"」, 『디지털타임스』, 2022년 3월 14일.

149 김주영, 「"악의 종자를 따르는 좀비들" 與 시의원, 尹 지지자 비하 논란」, 『조선일보』, 2022년 3월 16일.

150 김명진, 「'윤석열씨' 칭한 최강욱에…정운현 "盧 환생 경제 기억나, 자중자애하라"」, 『조선일보』, 2022년 3월 23일.

151 이보람, 「문성근 "尹 당선, 법비 쿠데타…민주당에 후원금 꽉 채워줍 시다"」, 『중앙일보』, 2022년 3월 28일.

152 권준영, 「류근 시인, 막말 논란 일파만파 "2번 윤석열 찍은 분들, '개 돼지'가 누구인지…"」, 『디지털타임스』, 2022년 4월 14일.

153 이성택·신은별, 「이탄희 "촛불 잊은 민주당, 내 편은 신격화, 남은 악마화했다"」, 『한국일보』, 2022년 3월 22일.

154 김명진, 「민주 김해영, 검수완박 공개 비판 "검찰을 악당 규정…궤멸 시키겠단 것"」, 『조선일보』, 2022년 4월 18일.

155 김다영, 「천정배 "검수완박은 졸속…민주, 대선 지고 심리적 균형 잃 은 듯"」, 『중앙일보』, 2022년 4월 19일.

156 김명일, 「김근식 "女 대통령, 검수완박 '먹튀'…겁먹은 도둑의 모습"」, 『조선일보』, 2022년 5월 4일.

157 권준영, 「황교익, 또 尹에 '막말' 쏟아내 "하루빨리 대통령 자리서 물러나게 하는 게…"」, 『디지털타임스』, 2022년 6월 24일.

158 박상기, 「野, 경쟁하듯 尹 비난…"탄핵"까지 꺼냈다」, 『조선일보』, 2022년 7월 16일.

159 양승식, 「"나가도 너무 나갔다"…민주당, '탄핵' 이어 '촛불'까지 언급」, 『조선일보』, 2022년 7월 23일.

160 조현호, 「김용민 "자격 없는 대통령 빨리 퇴진시켜야" 대통령실 "헌정 흔들어"」, 『미디어오늘』, 2022년 10월 11일.

161 이유진, 「이철기 동국대 교수, 정부 포상 포기서 제출하며…"윤석열 이름으로 받고 싶지 않다"」, 『경향신문』, 2022년 8월 29일.

162 장강명, 「"절대로 적을 미워하지 마라, 판단력이 흐려지니까"」, 『조선일보』, 2021년 4월 20일.

163 김소정, 「김어준 "박근혜 표는 애정이 담겼었는데…윤석열, 유효기간 끝"」, 『조선일보』, 2022년 3월 26일.

164 로버트 미지크(Robert Misik), 서경홍 옮김, 『좌파들의 반항: 마르크스에서 마이클 무어에 이르는 비판적 사고』(들녘, 2005/2010), 156쪽.

제2장 금태섭이 되겠다던 김남국의 살벌한 변신

1 서부원, 「내 제자 김남국 변호사는 이런 사람입니다」, 『오마이뉴스』, 2020년 2월 23일.

2 강준만, 「왜 '도덕적 우월감'을 갖는 사람들이 부도덕해지기 쉬울까?: 도덕적 면허 효과」, 『감정 동물: 세상을 꿰뚫는 이론 6』(인물과사상사, 2017), 19~25쪽 참고.

3 「[김남국TV] 공수처법 함께 읽기, 그리고 조국 교수님 기소는?」, 2019년 12월 31일.

4   홍정원, 「'조국 수호' 김남국 변호사 출마 의지 '확고'」, 『월요신문』, 2020년 2월 18일.

5   김연주, 「진중권, 김남국 향해 "이쯤에서 물러나야…조국으로 흥한 자 조국으로 망해"」, 『아시아경제』, 2020년 2월 24일.

6   심새롬, 「공천 탈락 금태섭의 소회…친문 섭섭한가 묻자 "그냥 죄송"」, 『중앙일보』, 2020년 3월 13일.

7   박태근, 「금태섭 탈락에 진중권 "쓰레기통에 '조국 수호' 써도 당선"」, 『동아일보』, 2020년 3월 13일.

8   김효성, 「김남국 "금태섭·박용진처럼 소신 있는 초선 될 것"」, 『중앙일보』, 2020년 6월 2일.

9   정환봉, 「금태섭 치켜세우던 김남국…하루 만에 "이기적, 표리부동" 저격」, 『한겨레』, 2020년 6월 3일.

10 최연진, 「진중권이 김남국에게 말했다 "아름다운 간신 되세요"」, 『조선일보』, 2020년 6월 3일.

11 정환봉, 「금태섭 치켜세우던 김남국…하루 만에 "이기적, 표리부동" 저격」, 『한겨레』, 2020년 6월 3일.

12 박홍두, 「177석만 믿고…'선' 넘는 여당」, 『경향신문』, 2020년 6월 3일.

13 김효성, 「"문빠가 왜 이재명 따르나" 눈총 받은 김남국 "좀 억울하다"」, 『중앙일보』, 2020년 8월 9일.

14 김소현, 「김남국, 秋 아들 공세에 "野, 군대 안 간 분 많아서 그런 것"」, 『한국경제』, 2020년 9월 8일.

15 원선우, 「군대 몰라서 추미애 공격? 김남국의 상대는 ★★★ 신원식」, 『조선일보』, 2020년 9월 8일.

16 구경우·김인엽, 「[단독] 아들 병역 면제 받은 의원, 16명 중 14명이 민주당」, 『서울경제』, 2020년 9월 9일.

17 이세영, 「금태섭 닮고 싶다던 김남국, 탈당하자 "침 뱉고 떠난 철새"」, 『조선일보』, 2020년 10월 21일.

18 한영혜, 「"저쪽 이상한 사람들도 많이 보낸다. 문자 폭탄 얘기 그만" 김남국, 조응천 직격」, 『중앙일보』, 2021년 5월 4일.

19 전희경, 「가해자 중심 사회에서 성폭력 사건의 '해결'은 가능한가: KBS 노조 간부 성폭력 사건의 여성 인권 쟁점들」, 한국여성의전화연합 기획, 정희진 엮음, 『성폭력을 다시 쓴다: 객관성, 여성운동, 인권』(한울아카데미, 2003), 59쪽.

20 김명일, 「이재명 "현행법 위반 땐 책임져야"…조국 지지자들 "추미애로 가야겠네"」, 『조선일보』, 2021년 7월 1일.

21 이해준, 「조수진 "조국 결사 옹위 한다더니…이재명 비서 된 김남국"」, 『중앙일보』, 2021년 7월 2일.

22 권경애, 『무법의 시간: 어쩌다 우리가 꿈꿨던 세상이 이 지경이 되었나?』(천년의상상, 2021), 127, 145~146쪽.

23 최진렬, 「이재명에 힘 보탠 김남국·김용민…"정경심 2심 후 난처할 수도"」, 『주간동아』, 2021년 7월 11일.

24 이재명, 『이재명은 합니다: 무엇을 시작하든 끝장을 보는 사람, 이재명 첫 자전적 에세이』(위즈덤하우스, 2017), 197쪽.

25 김은빈, 「"왜 업무방해냐" 김재원 반박에 김남국 "무식한 X이 용감"」, 『중앙일보』, 2021년 7월 13일.

26 김명진, 「전여옥 "조국 사태 거론에 울며 뛰쳐나간 김남국, 초딩급 줄행랑"」, 『조선일보』, 2021년 9월 17일.

27 이상원, 「김남국 "가짜뉴스, 조직 세력 의심…尹이라면 당장 그만둬야"」, 『이데일리』, 2021년 11월 15일.

28 김가현, 「송영길·김남국 '1일 1실언'…李 도우려다 무리수」, 『서울신문』, 2021년 11월 21일.

29 이해준, 「'조국 논란' 입 연 이재명 "낮은 자세로 진지하게 사과드린다"」, 『중앙일보』, 2021년 12월 2일.

30 이해준, 「금태섭, 이재명의 조국 사과에 "김남국·김용민 견해 듣고 싶다"」, 『중앙일보』, 2021년 12월 3일.

31 김소정, 「이재명 측근 정성호·김남국, 경상도 절 들어간 송영길 찾아가 한 말」, 『조선일보』, 2022년 3월 29일.

32 오경묵, 「민형배 탈당 놓고 김남국 "만반의 준비" 조응천 "국민 시선 두렵다"」, 『조선일보』, 2022년 4월 21일.

33   이성택·홍인택, 「민주당, 허니문 선거라 졌다? 지선 패배 자초한 다섯 장면」, 『한국일보』, 2022년 6월 6일.

34   조의준·박상기, 「"과거엔 돌팔매 맞았는데…" 18.8% 득표 이정현이 본 호남 민심」, 『조선일보』, 2022년 6월 4일.

35   권오혁, 「강경파 '처럼회' 향해선 꿀 먹은 민주당」, 『동아일보』, 2022년 6월 3일.

36   송혜수, 「이재명 책임론에 10년 전 '文 은퇴론' 꺼낸 정청래…"남 탓 말자"」, 『이데일리』, 2022년 6월 4일.

37   이현정, 「'책임론'에 뿔난 김남국 "'이재명 죽이기' 사전 기획…잘 짜여진 드라마 각본"」, 『헤럴드경제』, 2022년 6월 4일.

38   양승식, 「김남국 "대선 패배, 마음의 정리 아직 안 돼…문득문득 혼자 울어"」, 『조선일보』, 2022년 4월 4일.

퇴마
정치

© 강준만, 2022

초판 1쇄 2022년 12월 23일 찍음
초판 1쇄 2022년 12월 29일 펴냄

지은이 | 강준만
펴낸이 | 강준우
기획 · 편집 | 박상문, 김슬기
디자인 | 최진영
마케팅 | 이태준
관리 | 최수향
인쇄 · 제본 | 제일프린테크

펴낸곳 | 인물과사상사
출판등록 | 제17-204호 1998년 3월 11일

주소 | (04037) 서울시 마포구 양화로7길 6-16 서교제일빌딩 3층
전화 | 02-325-6364
팩스 | 02-474-1413

www.inmul.co.kr | insa@inmul.co.kr

ISBN 978-89-5906-662-9 03300

값 15,000원